울력꾼

이희근 제4수필집

오늘의문학사

국립중앙도서관 출판예정도서목록(CIP)

울력꾼 : 이희근 제4수필집 / 지은이: 이희근. -- 대전 :
오늘의문학사, 2018
p. ; cm

ISBN 978-89-5669-953-0 03810 : ₩15000

한국 현대 수필[韓國現代隨筆]

814.7-KDC6
895.745-DDC23 CIP2018034479

울력꾼

『울력꾼』을 펴내면서

힘든 일을 서로 거들어 주면서 품을 지고 갚고 하는 일을 품앗이라 한다. 그러나 여러 사람이 힘을 합하여 일을 하되 품을 갚을 필요를 느끼지 않을 경우는 품앗이라 하지 않고 울력이라 한다. 대부분 일손이 부족한 농번기에는 품앗이를, 농한기에는 울력을 한다. 옆에서 일을 하는데 나 몰라라 하며 뒷짐을 지고 바라만 볼 수는 없는 일, 이것저것을 거들다가 보면 자연히 함께 일을 하게 된다.

사회적 동물인 인간은 태어나면서부터 품앗이와 울력을 한다. 부모 형제 친구 등 사람뿐만 아니라 주위의 모든 환경물의 도움이 없으면 살아갈 수 없기 때문에 그들의 울력이 필요하다.

주위를 둘러싸고 있지만 사람의 손에 의하지 않고 존재하는 것을 자연이라 한다. 사람은 알게 모르게 그 자연의 혜택을 받으며 살아간다. 아니 자연의 혜택이 없이는 살아갈 수 없다. 자연은 사람들이 살아가는데 필요한 필수 울력꾼이다. 하지만 사람들은 그 울력꾼의 품을 갚으려 하지 않는다. 그 혜택이 미미해서가 아니라 너무 엄청나서 계산을 할 수 없기 때문이다. 너무 자주 도움을 받기 때문에 당연한 것으로 간주하며 살아가는지도 모른다.

자연이 베풀어준 울력의 고마움을 인식하고 감사를 표할 줄 아는 사람들이 시인들이다. 시인들은 산·강·바다·동물·식물·비·바람·구름 따위 등 자연을 소재로 시를 쓴다. 체험을 위주로 글을 쓰는 수필가들도 마찬가지다. 자주 접해왔고 지금도 접하고 있는 자연이 주는 여러 가지 혜택에 대한 글을 많이 쓴다. 필자도 그렇다. 수필집의 표제(表題)를 『울력꾼』이라 한 연유다.

필자는 세 번째 졸서 『아름다운 만남』의 머리말에서 삼세판이란 말을 사용했다. 그런데 이번이 네 번째다. 네 번째란 말은 한 판의 삼세판이 끝나고 두 번째 삼세판의 시작이란 뜻이요, 계속되는 삼세판을 이어가고자 하는 의도이다. 힘이 닿는 데까지 울력꾼의 고마움에 대한 글을 쓰고 싶다.

제1부 | 할미꽃 인생

제2부 | 학이시습의 즐거움

제3부 | 소나무가 흘린 피눈물

제4부 | 새로운 출구전략

제5부 | 추억 속의 새들

제6부 | 행복 전도사

울력꾼

제1부

할미꽃 인생

거미손의 대가(大家) 담쟁이

11월 하순 어느 날이었다. 전주문우회 총회의 장소가 잘 사용하지 않던 어느 식당의 지하실이었다. 난로를 켰지만, 으스스하고, 공기도 탁하고, 마이크시설도 시원치 않아 분위기가 썰렁했다. 그런데 두 회장후보들의 당찬 소견 발표로 분위기가 약간 달아오르고 있을 때, 나는 아슬아슬한 사건을 목격했다.

내가 앉아 있던 한쪽 구석 벽에서 실오라기 같은 긴 발을 가진 거미가 줄을 타고 내려오고 있었다. 너무도 신기하고 희한한 생각이 들어 옆에 앉은 친구를 질벅질벅했다. 거미를 쳐다본 그 친구도 입에 미묘한 미소를 띠었다. 추운 지하 홀에서 오랫동안 배를 곯고 있던 거미가 먹이를 찾고 있었다.

하도 기가 막혀 한참 넋을 잃고 지켜보고 있던 나는 가지고 있던 볼펜으로 거미를 가만히 건드려보았다. 나의 공격을 감지한 듯 거미는 늘보처럼 서서히 줄을 타고 올라가 떨어지지 않고 벽에 기대어 있었다. 배를 곯아 기력을 다한 송장 거미가 보여준 안쓰러운 동영상이었다.

몸에서 나오는 실로 줄을 치고 곤충을 잡아먹고 살아가는 거미는 줄에서 낙상하는 법이 없다. 한번 잡으면 놓치거나 떨어지지 않는 특이한 거미손 때문이다.

사람은 무엇이든지 올라가려는 습성이 있다. 기어 다니기 시작하면서부터 눈에 보이는 대로 기어오른다. 한번 오른 물체는 쉽게 오를 수 있지만 항상 더 높은 곳을 원한다. 올라가는 이유를 물으면 그저 오르는 것을 좋아하기 때문이라고만 한다. 나도 어렸을 적에 나무 오르기를 좋아했다. 그래서 떨어지지 않는 거미손을 원할 때도 있었다.

거미손을 이용한 운동종목도 있다. 부상과 생명의 위험을 무릅쓰고 하는 암벽이나 빙벽 타기 운동이다. 상상할 수 없는 강한 손목과 발목의 힘, 강인한 체력과 근력, 그리고 균형감과 집중력을 필요로 하는 종목이다. 요즘은 스포츠클라이밍이라 하여 실내 벽오르기 운동도 인기가 있다. 그래서 거미손을 원하는 사람들이 더 많다.

거미손의 대가는 담쟁이이다. 일정한 방향으로 감고 오르는 칡이나 등나무 넝쿨과는 달리 평면으로만 기어오르기 때문에 다른 생명체를 위해하지도 않는다. 넝굴손이라는 기미손으로 더위잡고 박박 기어오른다. 결코 떨어지는 법이 없다.

담쟁이가 오르는 벽이나 담장은 흙, 돌, 벽돌, 또는 콘크리트 중 어느 것으로 만들어져 있든 상관하지 않는다. 심한 절벽을 이룬 것일수록 더 좋아한다.

담쟁이는 초여름에 연녹색의 꽃이 피고, 가을에 열매가 검게 익지만, 사람들은 담쟁이의 꽃이나 열매에는 별로 관심이 없다.

담쟁이는 위장술에 능하다. 자기의 몰골을 남에게 보이지 않으려는 듯 넓고 푸른 심장 모양의 잎으로 철저히 은폐한다. 그 위장술 덕으로 담이나 벽을 담당하는 환경미화원으로 고용된다. 그래서 직업이 미화원이다.

담쟁이는 그림 솜씨도 대단하다. 가을이 되면 자기의 모든 이파리들을 붉게 물들이고 사람들을 유혹한다. 많은 사람들은 붉게 물들은 담쟁이 잎을 보고 오 헨리가 수우의 생명을 구하려고 베어맨을 시켜 그린 작품이라고 말한다. 그러나 그것은 착각이다. 베어맨이 그린 이파리는 한 장뿐이었다.

추운 겨울이 되면 담쟁이는 다이어트를 즐긴다. 다이어트로 군살이 빠진 몰골 때문에 더 이상 관심 없이 외면하는 사람들을 탓하지도 않는다. 미화원으로서 자기의 소임을 다한 것에 만족하고, 다음 해의 임무수행을 위한 체력을 비축하기 위해 눈보라와 강풍에 맞서 극한훈련에 열중한다.

담쟁이는 그를 따르는 추종자들이 많아 외롭지 않다. 추종자들은 청출어람의 뜻을 실현해보이겠다는 다부진 기세로 야무지고 오달지게 손을 내뻗지만 시간이 지나면 제풀에 기가 꺾이어 이내 침묵한다. 하나밖에 없는 대가의 자리를 넘보는 것은 금물이란 사실을 잘 알고 질서에 순응한다.

식물의 세계에서는 하나밖에 없는 대가(大家)의 자리를 양도하는 일은 없다. 대가의 머리가 잘리거나 훼손되기 전엔 어느 누구도 그 자리를 넘보아서는 안 된다. 그것이 식물계의 엄연한 질서이다. 도전을 시도한 많은 추종세력들이 그 사실을 알고 일찌감치 포기한 흔적을 여기저기에서 찾아볼 수 있다. 담쟁이 세계의 평화와 질서가 유지되는 방법이다.

많은 사람들은 겨울철에 벽에 붙어 있는 앙상한 담쟁이에게는 관심을 두지 않는다. 심미안이 부족하기 때문이다. 벽에 붙어있는 헐벗은 담쟁이의 돋을새김은 대자연이 조각한, 간과할 수 없는 예술작품이다. 평화롭고 질서정연한 걸작이다.

이제 춘분이 지났으니 봄이다. 개나리, 산수유, 생강나무도 노란 꽃을 피웠다. 하지만 날씨는 봄이 아닌 듯 어설프다. 봄꽃 피는 것을 시샘하는 꽃샘추위 때문이다. 나는 거미손의 대가인 담쟁이가 실력을 발휘할 수 있는 따뜻한 봄이 빨리 오기를 기다린다. 그가 가꾼 산뜻한 푸른 정원을 보고 싶어서이다.

- (전북수필 76호)

공동체 의식을 갖자

(전북대학교 사범대학 부설고등학교 졸업식 축사)

먼저 여러분의 졸업을 진심으로 축하합니다.

이 사람은 1980년 3월 1일부터 1988년 2월 28일까지 만 8년간 이 학교에서 영어선생으로 근무한 일이 있었습니다. 그런데 오늘은 이 학교 운영위원장으로서 여러분의 졸업을 축하하기 위해 축사를 하게 되니 더욱 감회가 새롭습니다. 진심으로 졸업을 축하합니다.

졸업식장에서 축사하는 많은 사람들은 졸업의 의미와 졸업 후의 인생의 항로에서 당면하게 될 여러 가지 어려운 과제들을 예측하고, 대응하는 방법을 안내해 주기도 합니다. 그러나 나는 오늘 여러분에게 전북사대부고 졸업생으로서의 긍지와 공동체 의식을 가져달라고 부탁하려고 합니다.

여러분은 다른 학교 학생과는 달리 모두 전북사대부고의 학생이 되기 위해 제1지망으로 지원하여, 많은 경쟁자를 물리치고 입학하였고, 또 오늘 영광의 졸업식을 갖게 되었습니다. 그래서 임의로 배정된 많은 타 학교 학생들과는 감회가 다르리라고 생각됩니다.

여러분이 이 학교에 배정되었을 때, 운명의 여신인 '크로스'가 여러분 각각을 한 올씩 실로 삼아, '전북사대부고'라는 베를 짜 버렸습니다. 여러분은 그 천에서 헤어날 수 없게 되었습니다. 한 올이라도 빠지면 천에 흠집이 생겨, 그 천으로는 건전한 옷을 만들 수 없습니다. 전북사대부고라는 천에서 발을 빼려야 뺄 수 없는 이유입니다.

여러분 중에는 3년간 이 학교에 다니기가 편한 사람도 있었으나, 반면에 지긋지긋하여, 빨리 오늘이 오기를 기다린 사람도 있을 것입니다. 졸업하면 이 학교와 인연이 끝난다고 생각하지만, 그것은 큰 오산입니다. 여러분이 이 학교와 연을 끊으려고 아무리 노력해도 끊을 수 없는 운명에 처해 있습니다.

설령 여러분이 늙어서 죽더라도 여러분은 인연을 끊을 수 없습니다. 여러분의 자녀들이 "우리 어머니 또는 아버지는 전북사대부고 출신이었다."라고 말할 겁니다. 또 여러분의 지인들이 여러분은 전북사대부고 출신이라고 말할 것이며, 생전에 여러분이 이룩한 업적 속에도 여러분이 이 학교 출신이라는 기록이 남아 있을 것입니다. 한번 맺은 인연은 이렇게 끊기기 쉬운 일이 아닙니다, 일단 전북사대부고와 연을 맺었으면 영원히 전북사대부고인(人)이라는 것을 잊어서는 안 됩니다.

이제 졸업을 하고 3월이 되면 여러분 중에는 서울에서 대학생이 될 사람도 있을 것입니다. 아직 객지에서 생활하기가 서투르겠지만, 학교마다 여러분의 선배들이 여러분을 환영해 주고, 학교생활을 안내해 주기도 하고, 도와줄 것입니다. 그들과 여러분은 동창생이기 때문입니다.

대학생이 되어 어느 일요일에 여러분들끼리 서울 명동거리에서 만나서, 한가히 의자에 앉아 얘기를 나누고 있다고 가정합시다. 마침 전라도 사투리로 대화를 나누면서 지나가는 사람들이 있었는데, 어딘지 익숙한 느낌이 들어 고개를 들고 보니, 비록 다니는 학교는 다르지만, 작년에 졸업한 형들이나 언니들이었습니다. 그들이 학교를 다니고 있을 때 여러분과 다정하게 대화를 나누었던 사람들이었다면 말할 것도 없이 반가울 겁니다. 그래서 "형" 또는 "언니"하고 반갑게 부를 것입니다.

그런데 그 사람들이 학교 다닐 때 여러분과는 관계가 소원한 사람이었다고 합시다. 그렇다면 여러분은 "어이, 재수 없네!"하고 고개를 돌릴 수 있을까요? 아니지요. 만나서 반가워 자기도 모르게 "형" 또는 "언니"라고 부르고 뛰어나가, 서로 손을 잡고 안부를 물을 겁니다. 바로 동창생이기 때문입니다. '동'이나 '우리'라는 말은 공동체를 의미합니다. 때로는 같은 운명체가 될 수 있는 공동체 말입니다.

이 사람이 고등학교에 다닐 때, 현재 연세대학교는 연희대학교라고 불렀습니다. 그 때 연희대학교에서만 전국에서 무시험으로 학생을 선발했습니다. 전국 모든 고등학교 학생들 중에서 선발하는 게 아니라, 학교가 정해져 있었습니다.

그때 전북에서는 두 학교가 해당되었습니다. 그런데, 그중 어느 학교 출신 학생이 학교를 다니다가 큰 사고를 친 일이 있었습니다. 그가 퇴교 당한 것은 말할 것도 없었고, 그 다음해부터는 그 학교 출신 학생들은 연희대학에 들어갈 수 없었습니다. 고사제로 바뀔 때까지 한 사람도 들어가지 못했습니다. 졸업생 한 명의 바람직하지 못한 행동이 후배들에게 미친 결과였습니다. 공동체 의식이라는 것이 중요한 까닭입니다.

이와 같이, 졸업이 여러분을 전북사대부고와 인연을 끊어지게 하는 것이 아닙니다. 여러분의 일거수일투족이 여러분의 선배와 후배에게 큰 영향을 미친다는 사실을 항상 유념하고, 조신해서 행동해야 된다는 말입니다.

여러분이 졸업한 후에, 전북사대부고가 전국적으로 언론에 대서특필될 만한 성과를 거둔다면 여러분들은 모교가 자랑스럽게 여겨질 것입니다. 나는 언젠가는 틀림없이 그렇게 될 날이 있을 거라고 확신합니다. 여러분도 그렇게 되기를 바라리라고 믿고, 여러분의 앞날에 행운이 가득하기를 바랍니다.

거듭 부탁하지만 여러분은 혼자가 아니라 항상 전북사대부고라는 공동체 속에서 살아가고 있다는 것을 잊지 말기를 바랍니다. 감사합니다.

- (학교운영위원장 이희근 축사)

금계국의 순애보

오월 하순 어느 날 오후였다. 나는 싱그러운 아까시꽃 향기의 여운 때문에 늦은 시간에 공원으로 향했다. 계절의 여왕답게 오월의 하늘은 높고 푸르렀다. 얼굴을 어루만지는 햇살의 감촉도 싫지 않게 따가웠고, 적당히 불어와 가슴에 닿는 바람도 어머니의 숨결처럼 부드러웠다.

내가 공원 입구 묘지 부근에 이르렀을 때, 노란 꽃봉오리 몇 개가 눈에 띄었다. 애기똥풀처럼 노란 색이었지만 약간 커 보였다. 의아하게 생각하며 가까이 갔다. 잘 조성된 묘지 잔디밭에 길쭉이 올라온 꽃대들이 코스모스를 닮은 노란 꽃송이를 달고 있었다. 일찍 꽃을 피운 금계국이었다. 대부분은 아직 봉오리를 채 터뜨리지 못하고 있었다.

금계국은 국화과의 한해살이풀 또는 두해살이풀로 줄기는 높이가 25~60㎝이며, 잎은 마주나고 길게 갈라진다. 6~8월에 노란 두상화가 줄기와 가지 끝에 하나씩 핀다. 꿩과인 금계(金鷄)의 황금색 우관(羽冠)처럼 샛노란 꽃이 화사하고 아름다워 그 꽃을 보는 사람마다 기분이 상쾌해진다. 그래서 관상용으로 인기가 있는 꽃이다.

금계국은 가까이 접근한 나를 반갑게 맞이하기는커녕 설렁했다. 자세히 들여다보아도 나에게는 관심이 없는 듯이 눈썹 하나 깜작이지 않고 서 있었다. 이따금 시샘하는 바람이 휘익 불어와도 제 몸을 약간 흔들 뿐, 무엇에 홀린 듯 서쪽하늘만 뚫어져라 바라보고 있었다.

채 피지 못한 어린 꽃망울들도 노랗게 핀 어미를 따라 모두 똑같이 서쪽하늘만을 열심히 바라보고 있었다. 두 앞발을 가슴에 붙이고, 두 뒷다리로 반듯이 서서, 침입자를 망보는 어미 망구스처럼 일사분란하게 미동도 없이 도열해 있었다. 그들도 나에게 관심이 없기는 마찬가지였다. 나는 하는 수 없이 금계국을 뒤로 하고 산으로 올라갔다.

그 다음날 아침, 화사하고 상쾌한 그 모습이 또 보고파 짝사랑하는 여인을 찾는 심정으로 찾아갔다. 여전히 등을 돌리고 먼산바라기처럼 외면하고 있었다.

그런데 이상한 일이었다. 자기들을 해칠 포식자가 어제와는 달리 이번에는 동쪽에서 나타나리라고 예측한 듯이 모두 동쪽으로 얼굴을 돌리고 망을 보고 있었다. 그래서 동쪽으로 가 얼굴을 마주보며 아양을 떨어 보았지만 소용이 없었다. 쓸데없이 방해하지 말고 비키라고 호통이었다. 나는 경계근무에만 전념하는 금계국의 마음을 돌릴 수 없다는 것을 깨닫고 체념하며 그냥 발길을 돌렸다.

그래도 미련이 남아, 햇볕이 따가운 한낮에 또 찾아갔다. 지성이면 감천이라더니 내 마음을 알아주는 듯이 금계국은 반갑게 웃으며 나를 정면으로 맞이했다. 삼고초려의 정성을 보인 나의 노력에 감동하여 마음의 문을 열었을 거라 생각하고, 쾌재를 부르며 기쁜 마음으로 코앞에 얼굴을 들이밀고 아양을 떨었다. 그러자 귀찮다는 듯이 손사래를 치며 내 얼굴을 밀어냈다. 자세히 쳐다보니 금계국은 내 얼굴이 아니라 높은 하늘을 바라보고 있었다. 내가 정신없이 찾아다닌 금계국은 오직 태양만을 사랑하고, 태양만을 바라보며 사는 작은 해바라기였다.

미련이 남아 며칠 후에 또 찾아갔다. 그런데 이번에는 영 분위기가 달랐다. 모두 허탈감에 빠져 맥없이 서 있었다. 사랑의 상흔이 담긴 꾀죄죄하고 희묽은 두건 조각들을 머리에 둘러쓰고 기진맥진하여 서있는 모습은 몹시 안쓰러워 보였다. 하지만 여전히 서녘하늘만을 바라보며 변함없는, 임 향한 일편단심을 보여주고 있었다. 그런 금계국의 마음을 회유하려는 나의 노력은 번번이 헛방일 수밖에 없었다. 어리석고 일방적인 나의 짝사랑이었다.

태양을 향한 금계국의 일편단심은, 아무리 연약한 식물일지라도, 그가 지니고 있는 지순(至純)한 사랑을 인간의 노력만으로 돌이킬 수 없다는 교훈을 깨닫게 하기에 충분했다. 금계국은 사랑을 지고선(至高善)으로 삼고, 오직 한 사람만을 사랑하다가 생을 마감하는 한 여인의 순애보(殉愛譜)였다. 하지만 화사한 봄날에 노랗게 핀 금계국은 보는 이들의 마음을 상쾌하게 해주는 마력을 지니고 있다. '상쾌한 기분'이 꽃말인 이유다.

- (전북수필76호)

나팔꽃

5월 하순 어느 날 아침이었다. 친구들과 등산을 가다가 길가 공터 여기저기에 피어 있는 나팔 모양의 연분홍 꽃이 눈에 띄었다. 주위에는 더위잡고 오를, 키가 큰 나무도 풀도 없어 맨몸으로 땅바닥을 기어가면서도 예쁜 큰 꽃을 피웠다. 그것을 보고 친구들에게 꽃의 이름을 물었더니, 한 친구가 대뜸 나에게 나팔꽃도 모르느냐고 핀잔을 주었다. 나는 졸지에 나팔꽃도 모르는 바보가 되었다.

조금 더 걸어가자 돌멩이들이 수북이 쌓인 밭두렁에서 또 나팔 모양의 꽃이 눈에 띄었다. 이번에는 파란 꽃이었다. 돌멩이 사이로 벋은 키가 큰 쑥과 억새를 더위잡고 올라가고 있어 꽃이 한층 더 잘 보였다. 친구에게 꽃을 가리키며 무슨 꽃이냐고 물었다. 그 친구는 의외라는 듯이 정말로 나팔꽃을 모르느냐고 되물었다. 나는 아무 대꾸도 하지 않고 그냥 걷기만 했다. 그때 젊었을 때 경험한 나팔꽃 추억이 떠올랐다.

내가 단독주택에서 살고 있을 때였다. 여름 어느 날, 옆집 울타리에는 나팔꽃이 장관을 이루고 있었다. 온 담장을 뒤덮고 있는 크고 빨간 나팔꽃을 보고 욕심이 생겨 열매 몇 개를 따서 보관했다.

이듬 해 봄에 그 씨앗을 집 앞 담장 끝에 있는 큰 삼나무 밑에 묻었다. 그리고 나팔꽃이 피어 있을 삼나무를 상상하며 기대에 부풀었었다. 가물 때는 물도 주고 정성을 다했더니 나팔꽃덩굴이 온 나무를 감쌌다.

그런데 높이 오른 덩굴 하나가 담장 위에 있는 전깃줄에 살짝 걸치고 있었다. 별 일 없을 것으로 안심하고 있었는데, 며칠 후에 결국은 사달이 났다. 그 덩굴이 전깃줄에서 유격훈련 중이었다. 온 전깃줄을 타고 열심히 기어가고 있었다. 겁이 난 나는 얼른 덩굴 밑 부분을 칼로 잘라버렸다. 나팔꽃구경은커녕 덩굴을 제거할 수도 없어 전전긍긍했다. 다행히도 덩굴이 이내 시들어 버렸지만, 나팔꽃 때문에 몹시 겁을 먹었던 기억이었다.

친구들에게 어렸을 때 부른 〈과꽃〉이란 동요를 아느냐고 물었다. 그 동요 속에는 나팔꽃이 나오기 때문이었다. 다행히도 모두 다 알고 있었다. '아빠가 매어놓은 새끼줄 따라 나팔꽃도 어울리게 피었습니다.' 하고 노래를 부르는 친구도 있었다. 그 동요를 듣고, 내가 나팔꽃은 어디에서 피느냐고 묻자, 친구들은 방금 부른 동요처럼 당연히 꽃밭이라고 말했다. 그러나 아침에 본 대로 들에서도 핀다고 말하는 친구도 있었다.

동요에는 나팔꽃이 자주 나온다. 그래서 누구나 어렸을 때부터 나팔꽃을 잘 알고 있다. 성인이 즐겨 부르는 대중가요 속에서도 나팔꽃이 자주 등장한다. 나팔꽃이 아침에 피었다가 저녁에 시드는 것쯤은 누구나 다 알고 있다. 그런데 자기가 입으로 노래 부르는 나팔꽃이 어떤 꽃인지 정확히 아는 사람이 얼마나 될까?

나팔꽃을 나팔꽃이라고 말하는 사람은 나팔꽃을 알고 있는 사람이다. 그러나 나팔꽃이 아닌 것을 나팔꽃이라고 말하는 사람은 나팔꽃을 잘 모르는 사람이다. 그런데 우리 주위에는 나팔꽃을 잘 알고 있다고 자신하면서도 나팔꽃이 아닌 것을 나팔꽃이라고 말하는 사람이 의외로 많다. 더구나 그들은 자기가 나팔꽃을 잘 모르고 있다는 사실 자체도 알지 못하고 있다.

내가 친구들에게 '메꽃'이라는 말을 들어본 일이 있느냐고 물었을 때 친구들은 금시초문이라고 말했다. 그들은 확실히 나팔꽃을 모르고 있었다. 그러면서 어이없게도 나를 나팔꽃도 모르는 바보(?)로 취급했다.

메꽃은 우리나라 어디에서나 자생하는 토종식물이다. 하지만 나팔꽃은 동남아가 원산인 외래종이다. 사람들이 흔히 나팔꽃이라 부르는, 들에 핀 연분홍 나팔 모양의 꽃은 나팔꽃이 아니고 메꽃이다. 메꽃은 여러해살이 덩굴풀이고, 열매를 쉽게 맺지 못하여 고자초(鼓子草)라고도 한단다. 그리고 빨강, 노랑, 파랑, 하얀 꽃이 피는 꽃은 메꽃과의 한해살이풀인 나팔꽃이다. 가장 큰 차이는 잡초와 화초이다. 메꽃은 심지 않아도 저절로 나는 야생화이지만, 나팔꽃은 사람이 심고 가꾸어야 한다.

오늘 아침 길가 공터에서 처음에 만난 연분홍 꽃은 메꽃이었다. 그리고 밭두렁에서 만난 파란 꽃은 나팔꽃이었다. 그 밭두렁은 전에는 집터였으므로 화초를 심어놓았던 꽃밭이었거나 울타리 자리였음에 틀림없었다.

누구나 살아가면서 매일 잡초를 만난다. 너무 흔하기 때문에 사람들은 별로 가치가 없는 들풀로만 생각하고, 그 풀에 대해 잘 알려고 노력하지 않는다. 그래서 사람들은 평생 메꽃을 보고 나팔꽃이라고 착각하며 살아간다.

사람들은 비슷한 유형을 같은 것으로 치부하는 경향이 있다. 사고의 편의성이다. 그것은 불완전한 지식을 완전한 지식으로 호도하는 마력을 지니고 있다. 그 마력 때문에 많은 사람들은 자기가 잘 알지도 못하는 것을 잘 알고 있는 것으로 착각하는 오류를 범한다. 나팔처럼 생긴 것이 모두 나팔꽃은 아닌데도 메꽃을 나팔꽃이라고 말하는 것처럼.

- (전북문단73호)

소리쟁이

5월 하순 어느 날, 등산을 마치고 돌아오는 길에 한 친구가 길가 풀밭에 이파리가 부엌칼날 만큼 크고 푸르며 무성한 한 포기의 풀을 가리키면서 이름이 뭐냐고 물었다. 그러나 아무도 이름을 아는 사람이 없었다. 길가 어디에서나 쉽게 볼 수 있는 잡초로 생각하고 별로 관심을 두지 않았기 때문이었다.

6~7월이 되면 그 풀은 상당히 긴 꽃대가 나와 녹색의 꽃이 줄기 끝에 원추꽃차례로 피고, 그 위용도 제법이다. 그러나 꽃이 지면 빼빼 마르고 볼품없는 빈 수수깡 모양이지만, 이파리만은 여전히 푸르고 무성하다.

"글쎄, 내가 어렸을 땐 저것을 '고수'로 알고, 어린 이파리를 뜯어 먹었던 기억이 있는데…."

내 말을 듣고, 그 친구는 고수가 아니라고 말했다. 자기가 무주에서 근무할 때 하숙집에서 먹었던 경험이 있어서 잘 알고 있단다. 고수는 동부 산악지역에선 즐겨 먹는 나물이었다. 처음에는 맛이 이상했지만, 먹을수록 맛이 괜찮았다는 말도 덧붙였다.

초근목피라는 말이 있다. 이는 풀뿌리와 나무껍질이란 뜻으로, 한약 재료가 되는 물건을 이르기도 하지만, 보릿고개에 양식은 떨어지고 호구지책으로 풀뿌리와 산나물로 요리해 먹던 험한 음식을 이르는 말이다. 어렸을 때 힘든 보릿고개를 체험한 또래 친구들은 항상 봄이 되면 산과 들에서 풀과 풀뿌리를 캐어 먹었던 일을 기억하고 있다.

가장 좋아하는 뿌리는 칡뿌리였다. 새 이파리가 돋기 전에 마른 칡넝쿨을 찾아 뿌리를 캤다. 어쩌다 밑 부분이 통통한 뿌리를 캤을 땐 '암 칡'을 캤다고 좋아했다. 물이 많이 나오고 맛이 좋았다. 그러나 칡뿌리를 씹다가 버린 옷 때문에 어머니한테 꾸중을 들은 기억도 많았다. 딱주라고도 불리는 잔대 뿌리도 캐어 먹었다. 꽃이 비슷한 도라지 뿌리는 맛이 썼지만 그래도 먹을거리였다.

물이 오른 소나무 껍질도 먹어보았다. 거친 겉껍질을 베껴내고 속껍질을 먹었다. 그것을 생체라고 불렀다. 새 순이 돋기 시작하면 찔레도 먹을거리였다. 새 순의 껍질을 벗기고 먹었다. 그리고 친구들은 삘기를 좋아했다. 삐비라고도 부르는, 잎보다 먼저 나온 띠의 이삭이었지만, 이삭이 피기 전에 뽑아 호주머니에 가득 채우고, 걸어 다니며 한 옴큼씩 들고 까먹었다. 그때 이파리를 뜯어먹던 것이 고수였다. 눈에 뜨이는 대로 뜯어먹었다. 맛이 제법 새콤했다.

그런데 80년대 말 내가 진안의 모 중학교에서 근무할 때, 나는 고수 때문에 헷갈린 적이 있었다. 하숙집에서 저녁식사 시간에 상추와 함께 나온 처음 보는 채소가 있었는데 이파리는 미나리 비슷했지만 미나리는 아니었다. 이름을 물었더니 고수라고 했다. 내가 어렸을 때 길가에서 고수로 알고 뜯어 먹던 것과는 달랐기 때문에 나는 말을 못하고 벙어리 냉가슴을 앓았다. 그런데 오늘 그것이 또 화제가 되었다. 그때 확실하게 알아두지 못한 것을 후회했다.

집으로 돌아온 나는 컴퓨터에서 고수풀을 탐색해 보았다. 컴퓨터에서 탐색한 고수는 내가 알고 있는 고수와는 달랐다. 전에 하숙집에서 맛보던 그 풀이었다. 고수는 미나리과 풀이란 사실도 알았다. 그러자 내가 고수로 착각하고 있던 그 풀의 이름이 더욱 궁금해졌다. 다시 '고수'라는 말을 탐색했을 때, 고수와 유사한 여러 가지 이름을 발견했다. 그 중에서 '소리쟁이'라는 것을 찾아보았다. 내가 찾던 풀이었다. 소리쟁이는 솔쟁이 또는 양제초라고도 불리며, 마디풀과의 다년초였다. 어린잎과 줄기는 나물로 먹기도 하고, 뿌리는 한방에서 건위제로 사용한단다.

나는 어렸을 때부터 소리쟁이를 고수로 잘못 알고 있었다. 진짜 고수를 먹으면서도 확실히 알려고 노력하지도 않았으니 어처구니없는 일이었다. 그래서 오늘도 고수라고 대답했다가 큰코다쳤다. 하지만 늦게라도 소리쟁이를 알게 되어 다행이었다. 지금까지 소리쟁이가 사라지지 않고 남아있었기에 망정이지 하마터면 나는 일생동안 소리쟁이를 고수로 착각하고 살아갈 뻔했다.

실제로 어렸을 때 삐비를 뽑으며 풀 속에서 볼 수 있었던 느린 뱀과 빠른 도마뱀, 그리고 하늘 높이 나르던 종달새들을 지금은 찾아볼 수도 없다. 생태계의 변화 때문이다. 논밭에서 농작물로 재배했던 곡식이나 채소 중에서도 이미 사라진 것도 많다. 인위적인 품질개량에 의한 도태다.

하지만 저절로 나서 자라는 잡초는 도태되지 않는다. 사람의 손으로 꺾이거나 뽑히는 일은 있어도 도태되는 일은 거의 없다.

무위자연인 잡초는 끈질긴 생명력을 가지고 있기 때문이다. 그런 끈질긴 생명력 덕택으로 나는 늘그막에야 소리쟁이가 고수가 아니고 소리쟁이라는 사실을 알았다. 게다가 열매가 익으면 바람에 흔들려 사각사각하는 소리가 난다 하여 소리쟁이라는 이름이 붙었다는 사실도 알게 되었으니 천만다행이었다.

수수꽃다리

내가 고등학생이었던 1950년대 말에는 우리나라는 농경사회였으며, 공산품의 질이 떨어져 누구나 외제를 선호했다. 심지어 간식용 먹을거리도 외세가 판을 치는 세상이어서, 어린이들도 눈깔사탕 대신에 초콜릿을, 국산 껌보다는 미제 껌을 좋아했다.

사람들이 말할 때도 유식한 체하기 위해서는 혀가 꼬부라지는 외국어 한두 마디를 사용해야 했다. 그리고 외국물을 먹은 이들이 사람 행세를 했다. 외제 명품이 인기가 있는 이유였다.

멋을 부리기 위해서는 부르는 노래도 남이 잘 알아듣지 못하는 외국어 단어가 한두 마디 들어가야 했다. 그래서 그때 유행한 노래가 「베사메무쵸」였다. 젊은이들은 누구나 그 말이 어느 나라 말인지, 또 무슨 뜻인지도 모르면서 그 노래를 즐겨 불렀다. 지금도 그때 그 친구들과 만나 노래방에만 가면 「베사메무쵸」는 단골 레퍼토리이다.

후에 '베사메무쵸'라는 말이 'kiss me much'라는 뜻임을 알았지만, 그 당시에는 'kiss'라는 말만 들어도 젊은이들은 누구나 얼굴이 붉어졌다. 그래서 남이 알아듣지 못하는 「베사메무쵸」라는 노래를 마음껏 불렀다.

그러다가 60년대 초 내가 대학생이었을 때 'kiss me quick'이란 가사로 시작되는 팝송이 유행했다. 그리고 거리의 각 악기점에서 전축을 크게 틀어놓아, 길을 걷는 사람들은 누구나 유행되는 그 노래를 쉽게 들을 수 있었다. 'kiss'라는 말이 보편화되어 젊은이들이 쉽게 사용할 수 있게 된 연유였다.

「베사메무쵸」의 가사 속에는 아리송한 단어가 또 하나 있었다. '리라꽃'이었다. 무슨 꽃인지도 모르고 노래를 불렀던, 정열적인 이미지로 우리 마음에 다가오는 리라꽃이 라일락의 프랑스어 발음이란 것을 후에 알았지만, 그 당시에는 라일락꽃도 쉽게 구경할 수 있는 꽃이 아니었다. 하지만 시인들이 읊는 봄노래마다 라일락꽃향기가 가득하여, 후에 개인주택에 살면서 두 주를 구입하여 정원에 심었었다. 흰 꽃과 연보라 꽃이 피는 라일락이었다. 그때부터 라일락은 나에게 친숙한 꽃이었다.

어느 날, 내가 홍천에 있는 강원도자연환경연구공원에 갔을 때였다. 건물 안의 전시물도 볼거리가 많았지만, 나는 건물 밖에 있는 수목을 관찰하면서 더 많은 시간을 보내고 있었다. 어느 곳에서나 쉽게 볼 수 있는 수목도 있었지만, 희귀종도 있었기 때문이었다. 도로변에 잘 식재된, 하얗게 꽃이 핀 산딸나무와 층층나무들이 인상적이었다. 남쪽지방에서 쉽게 관찰할 수 없는 구상나무와 자작나무도 있었다. 나는 나무에 부착된 라벨을 일일이 읽으면서 나무의 특성을 알아보며 시간을 보내고 있었다.

그런데 참 희한한 일이었다, 나는 곳곳에 군락을 이루고 있는 라일락을 그냥 지나치려다가 부착된 라벨을 읽어 보고 깜짝 놀랐다. 그 나무가 전혀 생소한 이름표를 달고 있었기 때문이었다. 이름이 수수꽃다리였다. 수수꽃다리라는 이름은 어딘지 모르게 친숙한 느낌이 들었지만, 언제 라일락이 수수꽃다리로 개명되었는지는 도저히 기억이 나지 않았다. 주위엔 물어볼 사람도 없었다. 그래서 라벨을 자세히 읽어보았다.

'수수꽃다리는 물푸레나뭇과에 속한다. 4~5월에 자주색 꽃이 피고, 우리나라 평남, 함북, 황해도 등지에 분포하며, 영어로는 라일락(lilac), 불어로는 리라(lilas)라고 한다.'라고 쓰여 있었다. 그때서야 전에 신문에서 읽은 기사가 떠올랐다.

우리나라 토종식물 가운데 외국에서 인기 상한가인 것이 비비추와 나리 그리고 미스김라일락이다. 유럽에서 인기 있는 비비추와 나리는 네덜란드인이 울릉도에서 채취하여 여러 가지 다양한 색깔의 꽃으로 변형시켜 명품으로 만들어낸 화초다. 그리고 미스김라일락은 미국인이 북한산에서 채취한 씨앗을 발아시켜 육성해낸 품종이다. 나무 이름을 몰라서 자기를 도와준 타자수의 성을 따서 붙인 이름이다. 그것이 수수꽃다리였다는 생각이 들었다.

수수꽃다리는 원뿔 모양의 꽃차례에 달리는 꽃모양이 수수를 닮아서 '수수꽃 달리는 나무'였지만, 줄여서 된 정감어린 순 우리말 이름이다. 그런데도 수수꽃다리가 낯선 것은 이 꽃을 모두 라일락으로 부르고 있기 때문이다.

내가 가지고 있는 국어사전에서도 '라일락'이란 단어는 찾아볼 수 있으나, '수수꽃다리'라는 단어는 찾아볼 수 없다. 귀화식물인 라일락이 수수꽃다리라는 토종을 몰아낸 형국이지만, 이 사전을 펴낸이도 토종보다는 외제 명품을 선호한다는 것을 짐작케 하는 단적인 방증이다.

또한 우리가 외제를 선호하며 우리 것을 홀대하는 사이에, 우리 것에 눈을 돌린 외국인들은 우리 것으로 명품을 만들어냈다. 그것들이 역수입되어, 우리가 모르는 사이, 우리 것을 사면서도 다른 나라 사람에게 로열티를 제공해야 하니 안타까운 일이다.

프랑스어로 리라 그리고 영어로 라일락은 외국에서 귀화한 수수꽃다리이고, 미스김라일락은 국산 수수꽃다리가 미국에 입양되었다가 다시 한국에 역수입된 것이다. 따라서 국어사전 속에서도 외제인 라일락 대신에 수수꽃다리의 향기가 그윽할 날이 빨리 돌아오기를 바라는 마음 간절하다.

- (문학사랑101호, 꽃밭정이수필)

질경이

초여름 어느 날이었다. 친구들과 함께 등반을 마치고 식당에서 점심식사를 할 때, 식탁에 처음 보는 반찬이 올라왔다. 맛이 약간 떨떠름했지만 구미가 당겨 몇 점씩 집어먹자 바로 바닥이 났다. 종업원을 불러 처음으로 맛을 본 나물인데 맛이 괜찮다며 더 청했다. 하지만 맛보기로 준 귀한 것이라며 더 이상은 없다고 했다. 그때서야 그것이 질경이나물이라는 것을 알았다.

질경이는 사람들이 많이 다니는 시골 길가에 흔해빠진 풀이었다. 당연히 잡초로 여기고 별 관심도 없이 짓밟고 다녔다. 달걀 모양으로 뿌리에서 무더기로 나는 이파리는 아무리 밟아도 죽지 않고 되살아났다. 질경이는 장소를 가릴 줄도 알아 여인들의 호미로 난도질을 당하거나 뿌리 채 뽑히는 일이 없었다. 이름만큼 질겼지만, 운도 타고난 풀이었다.

한여름에 흰 꽃이 이삭 모양으로 피는 꽃대는 어린이들의 좋은 장난감이었다. 길게 올라오는 꽃대를 뽑아 친구들과 마주 걸고 끊어먹기 시합을 했다. 끊어지지 않고 오래 버티는 쪽이 이겼다.

밟히고 걷어채어/ 으스러지는 뼈마디/ 논·밭둑 오솔길서/ 질
경이 신음 소리/ 무시로/ 찢기는 살점/ 업고(業苦)를 보듬는 너

// 모진 삶 인욕(忍辱)으로/ 하늘 이고 굽혀 살고/ 그렇게 사는 것이/육도전화(六道轉化) 길이라고/ 궁도(窮途)의 길/ 채우는 목숨/ 나도 같아 너여라//

김종학 시조시인의 「질경이」 전문이다. 한국전쟁과 보릿고개를 체험한 질경이 세대들의 어려운 생활상을 노래한 글이다. 질경이 세대들은 하루하루 호구지책을 마련하기도 힘겨웠지만, 그렇다고 부모들을 원망하거나 불평하지도 않았다. 모두가 자기의 업보요 숙명으로 여기고, 체념하지 않고, 참고 견디며 묵묵히 살아왔다.

질경이 세대들은 자기들의 인생이 모질게 된 원인이 가난과 무지라고 생각했다. 평생 한(恨)이 된 가난과 무지를 대물림하지 말아야 한다는 것이 그들의 유일한 희망이요 꿈이었다.

농경사회에서는 가난에서 벗어날 수 있는 유일한 방법은 땅을 소유하는 것이었다. 땅을 사기 위해 굶주리면서도 머슴살이로 받은 새경을 아끼고 저축을 했다. 한 뼘의 논·밭뙈기라도 사는 날에는 기뻐서 잠을 설쳤다. 자수성가의 희망이 보였기 때문이었다. 질경이 세대들이 부동산 투기의 원조였다.

지게를 지고 뼈 빠지게 일만 하여야 하는 이유는 못 배웠기 때문이라며 만사 제쳐놓고 자식들을 학교에 보냈다. 가르치기만 하면 호의호식하며 편하게 살 거라고 생각했다. 어쩌다 자식이 일손을 도우러 논·밭에 나오면 야단을 쳐서 돌려보냈다. 좋은 고등학교나 일류대학에 진학하면 돼지를 잡아 동네잔치를 벌였다. 오늘날까지도 사교육 열풍이 줄어들지 않는 이유다.

70년대 초까지 질경이 세대들에게 희망을 안겨준 것이 권투경기였다. 강한 정신력과 끈질긴 근성을 보여주는 권투선수들은 그들이 지향하는 모델이었다. 매에는 장사가 없다지만, 매를 맞아도 운만 좋으면 돈과 명예를 한꺼번에 거머쥘 수도 있다고 생각했다. 권투는 질경이 세대의 표상이었다.

권투경기에서 질경이의 진면목을 보여준 사람은 홍수환 선수였다. WBA 밴텀급 챔피언이 되었을 때, "엄마, 나 챔피언 먹었어." "그래, 대한민국만세다."라는 모자 간의 대화로 감동적인 화제가 되었던 홍수환 선수가 '지옥에서 온 악마'라는 별명을 가진 카라스키야와의 WBA 주니어 페더급 챔피언 전에서 보여준 4전 5기의 신화가 권투경기의 압권이었다.

마을길도 넓히고, 초가지붕도 없애고, 소득증대에 기여한 새마을사업의 주역이었던 질경이 세대들은 나이가 들어도 자기들의 삶을 질경이에 비유했다. 세상에서 참척(慘慼)보다 더 참혹한 일은 없다지만, 예기치 못한 변고나 병으로 자기보다 먼저 간 자식을 두고 질경이처럼 오래 살아서 못할 일을 당한다며 지기의 처지를 한탄하곤 했다. 전생에 죄를 많이 지었기 때문에 질긴 목숨 죽지도 않고 오래 살아 몹쓸 짓을 당한다며 모두 자기의 업보로 여기고 자괴의 눈물을 흘렸다. 아무리 강인한 질경이 세대라 하더라도 예기치 못한 자식의 죽음이 가슴에 대못을 박아놓기 때문이었다.

사람들에게 많은 교훈을 주었던 질경이는 쓸모없는 잡초가 아니었다. 선조들 삶의 애환을 상징하는 소중한 풀이었다. 씨는 차전자(車前子)라 하여 ·눈병과 설사 등의 약재로 그리고 이뇨제(利尿劑)로도 사용되었다. 오늘날 연한 이파리와 뿌리는 건강식품으로 인기가 있다.

요즘은 대부분의 도로가 확·포장되는 바람에 길가에서 질경이를 쉽게 구경할 수 없다. 그래서 젊은이들은 질경이를 보고도 무슨 풀인지 알지 못한다. 다행이 최근에는 새로운 소득원으로 자리를 잡아가고 있어 재배하는 사람이 많아졌다. 하지만 재배된 질경이를 보고는 질경이의 옛 모습을 느낄 수 없다. 질경이에 대한 격세지감이다.

- (계간수필 2013여름호, 석정문학26)

칠십여 년 만의 통성명

사람들이 많은 혜택을 누리고 있지만 그 고마움을 모르고 살아가는 것들이 많다. 공기는 두말할 필요도 없고, 주위에 널려 있는 식물도 마찬가지다. 너무 쉽게 접할 수 있고 흔해서 아무 가치가 없는 것으로 생각하지만, 그들이 없는 세상은 상상할 수도 없다.

실제로 쓸모없는 잡초로만 알았던 것들이 최근엔 건강식품이나 항암치료제로 각광을 받기도 하고, 야생화 애호가들의 사랑을 받고 있는 것들도 많다. 그러나 많은 사람들은 그 이름을 잘 모른다. 그러다가 직접 실물을 보여주면서 이름을 알려주면, 그때 비로소 "아하 그것, 어렸을 적에 많이 보았지."하고 말한다.

9월 말 어느 수요일 오후였다, 수요산악회원들이 오전에 산행을 마치고 점심식사 후에 시간을 보내기 위해 식당에서 한창 고스톱을 치고 있을 때, 한 친구가 늦게 마른 풀 하나를 들고 오더니 이름을 물었다. 그는 항암치료를 받으면서부터 산행을 중단하고, 오후에 고스톱 판에만 합세하는 친구였다.

"비단풀이구먼. 요즘 항암에 좋다고 각광받고 있는 풀이라네."

내 말을 듣고, 그 친구는 역시 박사라 다르다고 말했다. 어느 지인이 항암치료에 좋다면서 자기에게 가져다준 풀이었다. 어릴 적에 주위에서 많이 본 기억은 있었지만 이름을 몰랐었다. 주위의 친구들에게 물어도 아는 이가 없었다. 그런데 나는 그것을 보자마자 알아냈다는 뜻이었다.

비단풀은 언뜻 보면 쇠비름을 닮았으나 쇠비름보다 훨씬 작다. 풀밭이나 마당 그리고 길가에서 흔히 자라지만 작아서 별로 눈에 띄지 않는다. 줄기는 땅바닥에 엎드리고 자라며 줄기나 잎에 점이 있다. 맨손으로 뽑을 때 상처가 난 곳에서 뿌연 뜨물이 나오기 때문에 삽이나 다른 도구를 사용한다. 친구도 비단풀이라는 이름을 70여 년 만에 처음으로 알았단다.

나는 풀과 꽃 그리고 나무를 소재로 쓴 수필이 많다. 내가 그것들을 잘 알고 있어서가 아니라 모르기 때문이다. 늘 대하는 것들도 글로 쓰려면 어렵다. 특성이나 독특한 생태를 알아보기 위해서 사전이나 전문가의 도움을 청할 때가 많다. 그러다보니 자연히 나의 생활태도도 바뀌어지고, 어렸을 때 소홀히 하여 잘 알지 못했던 것들을 알아보는 재미도 쏠쏠하다.

내 글을 읽은 독자 중에는 지금까지 알지 못했던 사실을 알게 되어 감사하다는 내용의 매일을 보내주는 사람도 있고, 자기가 알고 있는 새로운 사실을 알려주는 고마운 독자도 있다. 수필은 작가와 독자 사이에 상호 정보교환의 매체가 되고 있다.

친구들은 나를 박사라고 부른다. 모든 풀이나 나무를 다 알 거라고 생각하고, 길을 걸으면서도 눈에 띄는 풀이나 나무의 이름을 물어보기 일쑤다. 쉽게 답할 때도 있지만, 그렇지 못할 땐 당황하기 마련이다.

어느 날 나와 함께 천변을 걷고 있던 친구가 갑자기 눈앞의 풀을 가리키며 수크령이냐고 물었다. 당연히 내가 그 이름을 알고 있을 거라는 투였다. 하지만 친구의 물음을 듣고 내 귀가 번쩍 뜨이었다. 어렸을 때부터 길가에서 자주 보고 그것으로 많은 장난도 했지만, 사실은 그때까지도 그 이름을 모르고 있었기 때문이었다. 주위에도 아는 사람이 별로 없었다.

나는 그 이름을 잊지 않으려고 머릿속에 입력하면서 그 이름을 누구한테서 들었느냐고 물었다. 식물학을 전공한 대학교수한테서 들었다는 말을 듣고, 틀림없을 거라고 생각했지만, 나는 모른다고는 말하지 않고, 어렸을 때 재미있었던 그 풀에 얽힌 일화만을 늘어놓았다

어렸을 때 내 고향은 산골마을이었다. 새마을사업으로 농로가 개설되기 전까지는 길이라야 겨우 두서너 명이 걸을 수 있는 좁은 오솔길이었다. 가운데 길은 울퉁불퉁 패이고 고르지 못하여 사람들은 길가 풀밭 위로 걷기를 선호했다. 그리고 길가에 있는 풀은 밟아도 죽지 않을 만큼 뿌리가 튼튼하고 이파리가 질긴 풀이었다. 그 풀이 또래친구들의 노리개가 되었다.

한여름이 되면 친구들은 제법 자란 두 개의 풀포기 끝을 서로 묶어 덫을 만들어놓고, 시치미를 떼고 앞에서 기다리고 있었다. 일부러 모른 체하기 위해 장난을 치거나 딴전을 부리며 시간을 보내고 있었다. 무심코 풀밭을 걸어오던 사람이 덫에 걸려 넘어지면서 지르는 비명을 듣고서 깔깔 웃으며 달아났다.

가을에 피는 이삭도 좋은 노리개였다. 여우꼬리처럼 털이 많고 부드러운 이삭으로 목덜미나 옷 속으로 밀어 넣고 등을 간질이면, 양 어깨를 목 위로 올리고 괴로워했다. 그 모습을 보고 배꼽을 움켜쥔 채 크게 웃었다.

그런데 지금까지도 이름을 모르고 잡초로만 알았던 수크령의 이름을 들었으니 귀가 번쩍 뜨일 수밖에. 나는 집에 돌아오는 대로 인터넷에서 검색해 보았다. 수크령은 어릴 때부터 같이 놀며 자란 소꿉동무의 오달진 이름이었다. 그러나 70여 년 만에 이루어진 통성명은 너무했다는 생각이 들어 수크령에게 미안한 생각도 들었다.

- (대한문학 63호)

한창때

어렸을 적에 피가 나도록 찢어진 손등을 가져본 경험이 있는 사람들은 꽃샘추위의 혹독함을 잊을 수 없다. 입춘이 지나서 추위가 다 지나갔다고 안심하고 있을 때 힘들게 했던 추위다. 기승을 부리는 꽃샘추위는 동장군의 위력을 뽐내는 최후의 발악이지만, 이 또한 지나가는 법이다.

> "4월은/ 죽은 땅에서 라이락을 키워내고/ 기억과 욕망을 뒤섞으며/ 봄비로 잠든 뿌리를 뒤흔드는 달"이라 하였는데/ 4월 상순 베갯머리 꽃샘추위는/ 기억과 욕망을 뒤섞는 눈발로/ 엄동을 뚫고 피어낸 동백꽃잎을/ 잔인하게 시들게 하였어도/ 꽃잔디의 한 줄기 빨간 미소는/ 새봄의 햇살을 반기는가/ 결코/ 어설픈 미래보다 추억을 더듬고 있다/ 오늘이 있어/ 새로운 내일을 향하는/ 삶의 아름다운 미소여.

이 시는 꽃샘추위 속에서 떨고 있던 연약한 꽃잔디가 마침내 입을 활짝 연 모습을 보고, 박기태 시인이 노래한 〈빨간 미소〉의 전문이다.

꽃잔디의 꽃 색깔은 분홍 외에 적색, 자홍색, 연분홍색, 백색 등 여러 가지다. 잔디와 흡사하지만 예쁜 꽃이 피기 때문에 꽃잔디라 부르기도 하고, 패랭이꽃과 비슷하지만 옆으로 퍼지기 때문에 지면패랭이꽃이라고도 한다.

한창 만발한 꽃잔디의 꽃을 보고 시인은 꿈이 많았던 젊은 시절이 떠올랐다. 꽃잔디가 환하게 웃는 모습을 보고, 붉은 피가 용솟음쳤던 청춘 시절이 그리워졌다. 따뜻한 희망을 가져다주는 아름다운 미소였기에 '빨간 미소'라 하였다.

나도 꽃잔디에 얽힌 추억이 있었다. 내가 시내 모 고등학교에서 근무하고 있을 때였다. 4월 초 어느 날, 남원에 있는 모 고등학교 운동장으로 조기축구회에서 친선경기를 하러 갔다. 그런데 운동장에 들어서자마자 교사 전정을 온통 분홍빛으로 물들이고 있는 꽃이 눈에 들어왔다. 따스한 햇살에 비친 분홍의 꽃물결은 정말 장관이었다. 그때 처음으로 그 꽃이 꽃잔디라는 것을 알았다. 나는 그 꽃에 매료되어 경기가 어떻게 끝났는지 기억할 수도 없을 정도였다.

다음 날 학교에서 교장 선생님과 어제 보았던 꽃잔디 이야기를 나누었다. 그리고 교장 선생님의 배려로 학교 전정 화단에 꽃잔디를 심었다. 나는 다음 해 봄이 되면 멋진 분홍색 꽃을 볼 수 있으리라고 잔뜩 기대하고 있었다.

그런데 가을 어느 날 오후였다. 전정 화단 청소를 담당한 선생님이 나에게 와서 큰일이 났다고 걱정을 하고 있었다. 청소시간에 학생들이 꽃잔디를 볼품없는 잡초로 알고 모두 뽑아버렸는데, 손을 쓸 수 없을 정도로 심하게 훼손되어 소각장에 버렸단다. 이렇게 해서 꽃잔디에 대한 나의 부푼 꿈은 물거품이 되어버렸다.

모든 생물체에게는 왕성한 때가 있다. 전성기 또는 한창때라고도 하는 이 시기는 사람들의 관심과 사랑이 집중되는 때이다. 대부분 나무나 화초는 꽃이 필 때, 과수는 열매가 익을 때, 그리고 단풍나무는 단풍이 물들 때가 한창때이다. 하지만 아무리 많은 관심과 사랑을 받던 것도 한창때가 지나면 한물가서 볼품이 없게 된다. 자연히 사람들의 관심에서 멀어질 수밖에 없다.

꽃이 지고 한창때가 지나면 꽃잔디의 모습도 정말 볼품이 없다. 누가 보아도 꾀죄죄하고 쓸모없는 검불처럼 보인다. 하물며 꽃잔디에 관심이 없는 학생들 눈에는 두말할 나위도 없다. 학교 화단에서 사라진 이유다.

계절의 여왕 5월이 화사한 자태로 군림하고 있을 때, 전주천변에는 털갈퀴덩굴의 한창때의 모습이 일품이다. 온 고수부지를 자줏빛 물결로 휩쓸어 버린다. 그것을 보고 감탄사를 연발하는 사람도 있지만, 외래식물이 전주천변을 점령하여 토종식물이 살 수 없게 되었다고 우려하는 사람도 많다. 군데군데 한 움큼씩 뽑혀 있는 것도 구경할 수 있다. 환경단체는 말할 것도 없고, 각 신문사와 방송국에서 시급히 대책을 세워야 한다고 시끄럽게 떠드는 것을 보면 털갈퀴덩굴의 위력을 짐작할 수 있다. 하지만 5월이 지나면 털갈퀴덩굴이라는 말을 더 이상 들을 수 없을 정도로 잠잠해진다. 한창때가 지나면 털갈퀴덩굴도 세력을 잃고 관심 밖의 식물이 되기 때문이다.

털갈퀴덩굴이 한창일 때 자세히 관찰하면 재미있는 사실을 발견할 수 있다. 성장 과정이 강한 억새나 갈대, 개나리나 원추리의 집단서식지 안에서는 구경조차 할 수 없다. 설령 눈에 뜨이더라도 그 세력이 미미하고 볼품이 없다. 또 키가 작지만 뿌리가 강한 클로버 속에서도 구경할 수 없다. 털갈퀴덩굴은 발 뻗을 자리를 보고 눕는다는 속담을 잘 알고 있는 듯하다.

연약한 개체일수록 살아남기 위해서는 남의 한창때와 자기의 것을 식별할 줄 안다. 이른 봄에 쉽게 볼 수 있는 야생화들도 주위의 다른 것들이 세력을 얻기 전에 일찍 꽃을 피우고 열매를 맺는다. 그런 시의적절한 출연 덕분에 사람들은 매년 앙증한 야생화를 즐길 수 있다.

한창때의 발현은 지피지기(知彼知己)의 전술을 실현하는 생물체의 생존전략의 일환이다. 내가 자줏빛 꽃물결의 향연을 펼치는 털갈퀴덩굴의 한창때 모습을 전주천변에서 다시 볼 수 있기를 기대하는 이유다.

- (두리문학 34호)

할미꽃 인생

"할아버지, 이상해요. 염색 좀 하세요."

내가 분당에 사는 큰 딸네 집에 갔을 때, 하얗게 변한 내 머리를 보고, 외손녀가 한 말이었다. 요즘 아이들은 멋을 부르기 위해 빨갛고 노랗게 염색을 하지만, 나는 나이 때문에 하얗게 염색을 했노라고 말했더니, 아이는 곧이들으려 하지 않았다. 너무 늙어 보인다며 염색을 하라고 몹시 성화였다.

사람의 마음은 나이가 들어도 좀처럼 늙지 않는다. 그래서 나이가 들어 나타나는 자연스런 신체적 변화를 감추려고 수단과 방법을 가리지 않는다. 나도 지천명이 되면서부터 나타나기 시작한 흰 머리를, 시력에 좋지 않다는 말을 듣고도, 어쩔 수 없이 염색을 해왔다. 그래서 외손녀는 지금까지도 내 머리가 백발인 줄을 몰랐다.

내가 염색을 중단한 것은 병원에서 퇴원한 후부터였다. 몇 주일 동안 입원 · 수술로 병원생활을 마치고 귀가했을 때, 살이 빠져 몰골은 흉한데다가 머리까지 하얗게 헝클어져 있는 내 모습을 보고, 아내는 제일 먼저 머리 염색부터 하라고 말했다.

하지만 나는 평소 염색을 좋아하지 않았다. 자꾸 머리카락이 빠져 '속알머리 없는 사람'이 되어가고 있는 원인이 염색에 있을 거라 생각되었기 때문이었다. 그렇지만 20년 넘게 해오던 염색을 중단하는 일도 쉽지는 않았다. 가끔 염색을 중단한 사람들의 어설픈 머리를 보고 쉽게 결행할 수 없었다.

염색을 하라는 아내의 말을 듣고 거울 앞에 서 보았다. 얼굴이 아니라 머리를 보기 위해서였다. 입원 전에 이발을 하지 않았기 때문에 하얀 머리가 제법 길었다. 끝 부분만 잘라내면 거의 백발이 될 것도 같았다. 나는 기회를 놓치지 않고 염색을 하지 않겠다고 말했다. 아내는 내 말을 듣고, 진짜 할아버지가 되지 말고 염색을 해야 한다고 고집했다. 그래도 나는 염색을 하지 않았다.

20년 넘게 계속되었던 염색을 중단하고, 거울에 비친 백발이 된 내 모습을 보고, 나는 싫진 않았다. 비로소 가식이 없는 내 참모습을 볼 수 있었기 때문이었다. 가끔 염색을 권하는 친구들의 말을 들을 때도, 나는 웃으며 말할 수 있었다. 변하는 대로 사는 것이 인생의 참모습이라고. 이발사도 내 머리가 전보다 튼튼해졌다고 말했다. 그런데 내 머리를 보고 외손녀는 염색을 권하고 있었다.

내가 염색을 싫어하는 또 다른 이유는 아무리 노력해도 감출 수 없는 것이 있다는 사실이었다. 나이가 들어감에 따라 나타나는 어둔해진 행동과 소외감이었다. 젊은이들과 함께 노래방에 가면 박자가 맞지 않는다고 따돌림을 당하기 일쑤였다. 그들은 템포가 빠른 최신유행곡 한둘쯤은 배워야 한다고 했다. 가족들과 함께 나들이를 해도 짐만 되었다. 이런저런 핑계를 대고 인심을 쓰면서 집을 지켰다. 나이가 들면 인심이 후해지는 이유였다.

남에게 보여주기 위한 거짓된 삶을 지양해야 한다는 생각도 들었다. 변화하는 모습 그대로 보여주고, 변화에 적극 대응하며 살아가야 한다고 생각했다. 변화를 부정하며 감추는 행위는 어리석은 눈가림이었다. 나는 할미꽃을 보고 이런 사실을 깨달았다.

내가 어렸을 때 할머니들은 할아버지들과는 달리 대부분 허리가 굽었다. 그 이유는 알지 못했지만 알려고도 하지 않았다. 여자들은 늙으면 자연히 허리가 굽는 것으로만 알았다. 그래서 꼬부랑 할머니라고 불렀다.

아지랑이가 피는 4월이 되면 들이나 야산에서 할미꽃을 많이 볼 수 있었다. 20~40cm의 꽃줄기 끝에 자줏빛 꽃 하나가 땅 아래를 보고 피어 있었다. 줄기가 휘어진 모습이 마치 등이 굽은 할머니와 닮았다고 하여 '할미꽃'이라 불렀다. 노고(老姑)는 할머니를 낮추어 부르는 말이기 때문에 노고초(老姑草)라고도 했다.

그러나 내가 최근에 본 할미꽃은 달랐다. 그 꽃은 어렸을 때 본, 꽃이 필 때의 허리가 굽은 모습이 아니고 꽃이 진 뒤의 반듯한 모습이었다.

꽃은 식물의 번식 기능을 위한 한 가지 수단이다. 꽃가루받이(수정)가 끝나면 꽃의 기능과 생명이 끝나는 것으로 알고 있지만, 식물의 생명은 꽃과 함께 끝나지 않는다. 씨앗을 성숙시켜 땅에 떨어뜨리고 발아시켜 새 생명체를 잉태시키는 것이 식물체의 번식이기 때문이다.

머리에 인 무거운 짐 때문에 허리를 펴지 못하고 있던 할미꽃은 이름 그대로 할머니가 아니다. 번식을 위해 꽃을 피운 젊은 모습이다. 그 꽃을 머리에 이고 있기가 버거워 잠시 고개를 숙이고 허리를 굽혔을 뿐이다. 젊었을 때 고생은 돈 주고 사서라도 한다는 속담을 몸소 실천하고 있는 모습이다.

꽃가루받이가 끝나면 할미꽃은 무거운 꽃잎이 사라져 몸이 가벼워진다. 머리를 들고 허리를 펴보니 몸이 반듯해진다. 하지만 이미 헝클어진 하얀 머리칼만 남아 머리가 흰 늙은이다. 백두옹(白頭翁)이라 부르는 늙은 모습이다. 백두옹은 바람 따라 날아간 자식들의 안녕이 염려되어 멀리 내다보며 서 있는, 전혀 가식이 없는 할미꽃 인생의 참모습이다.

- (한국미래문학 25호)

제2부

학이시습의 즐거움

溫故知新으로 二毛作을 準備하자

(고교졸업 30주년 기념 식사)

여러분! 전북대학교사범대학부설고등학교(이하 사대부고라고 함) 졸업 30주년을 기념하기 위하여 만사를 제하고 전국 각지에서 모인 여러분들을 진심으로 축하하고 환영합니다. 아울러 사대부고에서 3년 동안 여러분들과 함께 추억을 만들었던 선생님들도 잊지 않고 초대하여, 삼십여 년 전의 추억을 되새길 수 있는 기회를 갖도록 해주어서 대단히 감사합니다.

사람은 추억을 먹고 삽니다. 그래서 여러분들도 모교를 찾습니다. 모교에 가면 친구들과 코피 나게 싸웠던 일, 야구방망이로 친구의 이빨을 부러뜨렸던 일, 교실에서 욕설을 하다가 교장선생님에게 걸려 현관에 무릎을 꿇고 앉아 벌을 받던 일, 사소한 일(?)로 선생님에게 뭇 매를 맞던 일 등등. 갖가지 감회가 서린 일들을 회억하며 하루를 지내는 날이 Home-coming-day입니다. 귀소성(歸巢性)이나 수구초심(首丘初心)을 가장 잘 표현하는 말이지요.

하지만 언제까지나 추억에만 잠겨 있을 수는 없습니다. 만족스럽지 못한 과거의 행동에만 집착하는 것도 심리학에서 말하는 퇴행(退行)이기 때문입니다. 추억을 되씹으며 새로운 각오와 희망을 갖는 것이 온고지신입니다. 그리고 사람은 크든 작든 자기 스스로 만든 희망의 주인이 되어야 합니다.

십 년이면 강산도 변한다는데 강산이 세 번이나 변했습니다. 스무 살 까까머리 총각들이 세상의 이치를 알고 순리대로 살아간다는 지천명의 나이가 되었으니 정말 세월이 무상합니다. 이제 한 순(旬)만 더 지나면 여러분은 환갑이 됩니다. 그리고 그땐 많은 사람들이 직장에서 은퇴할 것입니다.

직장에서 은퇴한 이후의 시기를 '인생 이모작'이라고 합니다. 이 말은 그 전까지는 직장과 가족을 위해서 열심히 일하느라고 여념이 없었지만, 자기 자신을 위해 무엇인가를 할 수 있는 시기라는 뜻입니다. 지금까지 한눈팔지 않고 열심히 일해 왔기 때문에 소일하면서 쉬는 시기가 아니라, 평소에 뜻은 있었지만 시간과 여력 그리고 조건이 맞지 않아서 접어두었던 일들을 찾아서 연마하고 즐길 수 있는 기간이라는 말입니다.

실제로 노인복지관이나 평생교육원을 찾아가 보면 열심히 자기 취미생활을 하는 사람들이 많습니다. 분재, 서예, 문예, 등산, 각종 악기나 스포츠 등. 가끔 그들이 만든 실버클럽에서 젊은이들 못지않게 활동하고 있는 것을 TV를 통해서 시청할 수도 있습니다. 그들의 활동상을 보면 나이는 숫자에 불과하다는 말이 실감됩니다.

한때 나도 퇴직하고 노인복지관을 열심히 다니면서 바둑도 두고, 춤도 추고, 친구들과 어울려 술도 마시고, 정신없이 돌아다녔습니다. 남이 보기에는 완벽한 노후생활을 영위하고 있는 것 같이 보였습니다. 그런데 나는 그런 생활에 차츰 회의를 느끼기 시작했습니다. 생산적이지 못한 허송세월(killing time)을 하고 있다는 생각이 들었습니다. 다시 말하면 죽을 시간이 되기만을 기다리며 유희나 레크리에이션을 하면서 시간을 소비하고 있다는 생각이 들었습니다. 그래서 새로운 돌파구를 찾으려고 노력했습니다.

나는 글을 쓰기 시작했고, 마침내 수필가로 등단하고, 수필가라는 평생 직업도 가지게 되었습니다. 많은 문학단체에 가입하고, 문학잡지나 신문에 투고도 하면서 지내고 있습니다. 시간이 부족할 정도로 열심히 글을 써서 수필문학상도 수상하였습니다. 성공한 노후생활이라고 말할 수는 없겠으나 남한테 부끄럽지 않은 생활이라고 자부하면서 살아가고 있습니다.

그런데 10년 후면 여러분은 어떻게 됩니까? 노인 축에 끼지도 못합니다. 지금 일흔세 살인 나도 그렇습니다. 노인복지관을 가거나 노인들이 만나는 자리에 가면 나는 청춘이어서 심부름이나 다녀야 합니다. 그래서 그런 곳에 가는 것을 가급적 삼갑니다.

하지만 노인에게 늙은이라고 부르면 싫어합니다. 망구라고 불러도 화를 냅니다. 망구라는 말은 노인을 폄하하여 부르는 말이 아니라, 나이 '여든한 살'은 '아흔 살을 바라본다.'는 뜻에서 망구(望九)라고 하는데, '할망구'라는 말을 사용했다가는 늙은 여자를 조롱하거나 얕잡아 본다고 몹시 혼납니다.

'여든 살에서 백 살까지의 나이, 또는 그 나이의 노인'을 이르는 말로 모기(耄期)라는 말이 있습니다. 국어사전에서 풀이된 대로 80이 되어야 노인이라는 칭호가 붙는다는 뜻입니다. 나는 이 시기를 '인생 3모작'이라고 표현하고 싶습니다. 그런데 2022년에는 한국인의 평균수명이 100세가 되어 초 고령 사회가 된다고 하니 여러분들은 '3모작'도 대비해야 한다는 말입니다.

여러분은 또 30년이 지나야 80이 되어 노인이 되지만, 초고령 사회를 살아가기 위해서는 패기 있고 알찬 '2모작'의 수확이 필요합니다. 따라서 여유가 있을 때, 지루하지 않은 여가생활을 즐길 수 있는 다양한 취미와 특기 그리고 다른 소양을 길러야 함은 물론 새로운 자세로 살아갈 마음의 준비도 해야 합니다.

먼저 마음을 비우는 훈련을 해야 합니다. 마음을 비운다는 것이 쉬운 일은 아니지만, 마음을 비울 때 행복을 체험할 수 있습니다. 여러분은 땀을 뻘뻘 흘리면서 등산을 한 경험이 있을 것입니다. 중간에 쉴 때 땀을 씻어주는 시원한 바람이 불어온다면 여러분은 자신도 모르게 "야아!"하고 소리를 지릅니다. 그 감탄사가 행복감의 표출입니다. 그때 아무런 사심이 없이 비운, 행복을 맛볼 수 있는 마음의 전 단계를 무위(無爲)라고 말합니다. 그리고 부질없는 일을 하느라고 애를 쓸 필요가 없다는 말이 무위자연(無爲自然)입니다. 행복을 체험하기 위해서는 가식이나 가감이 없는 사람의 본디 모습대로 소박하게 살아가야 한다는 뜻입니다. 그래서 루소도 자연으로 돌아가라고 갈파했습니다.

나는 얼마 전에 늘 소지하고 다니던 휴대전화를 집에 놓고 외출한 일이 있었습니다. 갑자기 전화를 해야 할 상황이 생겼는데 전화번호를 알 수 없어서 낭패를 본 일이 있었습니다. 여러분들도 그런 경험이 있을지도 모르겠습니다만, 기계에 너무 의존하다 보면 자기도 모르게 기계의 노예가 되어 기계 없이는 살아갈 수 없게 됩니다. 따라서 이모작의 풍성한 수확을 위해서는 기계에 의존하는 생활방식과 사고에서 빨리 탈피해야 합니다. 가급적 손을 많이 사용해야 한다는 말입니다. 손을 많이 사용하면 치매(癡

呆)에도 걸리지 않는답니다.

나이가 들면 어린이가 되어야 합니다. 치매(癡呆) 때문에 바보가 된 어린이가 아니라 호기심이 많은 어린이의 사고력을 가져야 한다는 말입니다. 여러분은 아이들을 양육했기 때문에 이미 경험한 내용입니다. 아이들과 동행하다 보면 어린이의 꼬리를 무는 질문 때문에 곤혹을 치룬 경험이 있었을 것입니다. 그런 어린이의 호기심을 가져야 합니다. 보이는 모든 것에 호기심을 가지고 자기 자신에게 계속 질문을 던지면 몰랐던 새로운 사실들을 발견하게 됩니다. 바로 그 방법이 여러분들이 건강하게 살아갈 수 있는 방법입니다. 알고 있던 사실도 의혹을 가지고 질문을 하면 새로운 답이 나옵니다. 그리고 그때 즐거움을 느낄 수 있습니다.

여러분! 인생은 항상 노력하는 자의 몫입니다. 나이가 들어서 무기력한 모습을 보이지 않고 건강한 이모작 또는 삼모작의 풍요로운 결실을 거두기 위해서 여유가 있는 지금 열심히 노력하며 살아가도록 합시다. 감사합니다.

- 이희근(3-6담임, 수필가)

남의나이를 살아가며

어느 조간신문에서 '은퇴 후 8만 시간'이라는 말을 읽었다. 60세 은퇴자가 80세까지 20년간 수면과 식사를 제외하고 자유로이 쓸 수 있는 시간이었다. 이 기간을 '제2의 인생' 또는 '인생2모작'이라고 표현하면서 이 기간을 잘 활용해야 한다고 야단이었다. 지금까지는 가족과 사회 또는 국가를 위하여 정신없이 일만 하면서 한눈팔지 않고 열심히 살아왔지만, 평소에 의욕은 있었으나 시간이나 여유가 없어서 하지 못한 일들을 챙기면서 자기의 은퇴생활을 즐겨야 한다고 주장하고 있었다.

여든 살에서 백 살까지의 나이, 또는 그 나이의 노인을 '모기(耄期)'라 이른다. 국어사전에서 노인이 되는 조건을 정의한 유일한 말이지만, 적어도 여든 살 이상이 되어야 노인이 된다는 말이니, 70대 중반인 내가 노인이 되려면 아직도 여러 해가 지나야 한다. 또 환갑이 지난 뒤의 나이를 이르는 '남의나이'라는 말은, 모기라는 말을 감안하면, 환갑 이후부터 79세의 나이까지를 이르는 말이다. 물론 60이전에 퇴직하는 경우도 있지만, 남의나이란 위에서 말한 '은퇴 후 8만 시간'을 가장 잘 나타낼 수 있는 멋진 우리말이다.

모 백화점에서 조사한 통계에 의하면 옷을 고르는 고객 중

20% 정도는 남의나이세대란다. 그들의 구매 형태를 분석한 결과 남의나이세대의 상위 20%가 선호하는 패션제품은 본인의 연령보다 훨씬 젊어 보이는 브랜드이다. 또 젊은 외모를 가꿀 수 있는 고가 화장품, 건강보조식품, 그리고 유기농 식품 등에 아낌없이 투자하고 있다. 기업들은 고령화 사회에 대비한 새로운 시장 개척에 앞 다투어 투자하고, 남의나이세대를 'GG세대'라고 부르며 공략대상으로 삼고 있다. 산업화와 민주화를 동시에 이루어낸 자랑스러운 세대라는 뜻이지만, 대공황을 이겨내고 제2차 세계대전을 승리한 미국인을 '위대한 세대(Great Generation)'라고 부른데서 차용한 호칭이다.

남의나이세대 중에는 창업으로 돈을 벌면서 열심히 건강관리를 하는 사람도 있다. 하지만 '인생2모작' 운운하는 대부분의 사람들은 여생을 즐겁고 재미있게 살아가야 한다며 여러 가지 취미활동이나 등산 등 자기계발에만 신경을 쓴다. 물론 여가활동이나 레크리에이션도 간과할 수 없는 중요한 활동임에는 틀림없지만, 많은 사람들이 즐거운 시간 보내기 활동에만 전념하는 것은 문제가 있다고 본다. 1라운드 인생은 끝났으니 2라운드 인생을 즐겁게 살아야 한다는 주장은 설득력이 있어 보이지만, 그것은 임종을 기다리며 허송세월을 하는 꼴이어서 어딘지 모르게 어색한 느낌이 든다.

남의나이가 임종을 기다리며 보내는 비생산적인 기간이 되어서는 안 된다. 지금까지 축적한 삶의 노하우나 여러 가지 지식과 재능을 자기 자신만을 위해서가 아니라 사회와 타인을 위해 사용해야 한다고 생각되기 때문이다. 자기가 가지고 있는 모든 것을 사회에 환원하고 봉사한다는 마음으로 사는 삶이 노후를 가장 멋있게 장식하는 삶이라 생각되어서이다.

실제로 평생대학원이나 노인복지관을 다니면서 연마한 각종 악기, 노래, 마술, 댄스나 무용 등의 실력으로 악단, 합창단, 무용단의 일원으로 활동하면서, 다른 복지관이나 요양병원 그리고 농촌의 경로당을 찾아다니며 열심히 위문공연을 하는 사람들도 많다. 노노케어(老老care)를 실천하는 사람들이다. 그들의 열성을 보면 나이는 숫자에 불과하다는 말이 실감된다.

남의나이세대인 나는 고등학교 2학년 때부터 축구선수로서 전국체전에 참가했고, 그 후 선수를 은퇴한 후에도 축구협회 임원과 심판으로서 전국 대도시의 운동장을 누비며 돌아다녔다. 또 교사와 장학사 그리고 교감과 교장으로서 남부럽지 않은 교단생활을 했지만 정년퇴임한 지 10년이 넘었다, 10년이면 강산도 변한다는데 내 자신이 얼마나 변했는지는 알 수 없다. 새로운 각오로 시작한 글쓰기로 등단도 하고, 수상도 하고, 원고청탁을 받아 열심히 글을 쓰면서 바쁜 나날을 보내고 있으니, 아직은 후회 없는 삶을 살아가고 있다고 자위해본다. 교단과 경기장에서의 경력들이 내가 글을 쓰는데 많은 도움이 된다. 하지만 열정적으로 노노케어를 실천하고 다니는 친구들을 보면 나의 노력은 아직 미진하다는 생각도 든다.

삼세판이란 말이 있다. 승패를 결정하는 각종 경기나 놀이에서 승자와 패자를 가리는 방법이다. 단판의 승부에서 오는 패자의 아쉬움을 달래기 위해 패자가 도전을 하면, 패자에게 기회를 주면서 베푸는 승자의 아량이다. 삼세판은 어려서부터 누구나 익숙한 생활문화이다. 더 이상 불평이나 불만을 표출할 수 없는 완전한 합의를 이끌어 내는 좋은 방법이다.

세 번째 수필집을 발간하면서 삼세판이란 말을 사용했다. 처음에는 등단한 기쁨으로 아무 종도 모르고 어떨 결에 출판을 했고, 두 번째는 한 번 더 해보겠다는 욕심으로 한 출판이었다. 그러나 삼세판째는 달랐다. 무언가 좀 더 성숙한 모습을 보여주어야 한다고 마음먹고 한 판이었는데 결과는 독자들의 몫이다.

하지만 그것이 마지막 판을 의미하는 것은 아니다. 모기(耄期)에 이르기까지는 아직도 시간이 많이 남아 있으니, 적어도 삼세판을 세 번은 해야 남의나이를 살아가는 사람의 멋진 삼세판이 아닐까 생각되어서이다.

- (전북수필 78호)

발버둥질

"대수술까지 받으면서 고생했으니 오래 살아야 할 텐데!"

며칠 전, 한 달쯤 병원에 입원하고 대수술을 받았던 친구의 병문안을 갔다가 나설 때, 그 친구가 따라 나오면서 하는 말이었다. 그 친구는 가끔 머리가 아프다며 편두통 치료를 받았고, 여름에도 감기증세로 오래 고생했었다. 어느 날 함께 등산을 하다가 힘들다면서 도중에 혼자 앉아 있던 일도 있었다. 하지만 그때까지도 상황이 그렇게 심각한 줄을 예상하지 못했었다.

어느 날 아침이었다. 갑자기 심한 복통으로 가까운 병원에 갔다가 큰 병원으로 가라는 진단을 받고, 서울에 있는 병원으로 갔다. 신장과 동맥류(動脈瘤) 수술까지 받았지만, 복막에 생기는 섬유화현상은 당분간 치료를 해봐야 확실한 것을 알 수 있다고 의사가 말했다며 걱정하고 있었다. 그런데 오늘 그 친구가 한 말은 평소에 자주 하는 말과 너무나 대조적이었다.

"나 지금 죽어도 불평 안 해. 이 정도면 장수한 편이니까."

이는, 친구가 술을 마시면 입버릇처럼 하는 말이었다. 어렸을 적에 고향마을에는 회갑을 지낸 노인이 손가락으로 셀 수 있을 정도였는데, 70이 훨씬 넘었으니 장수한 셈이라면서 가끔 죽음에 대해 초연한 듯이 말했었다. 그 말을 듣고, 말이 씨가 되는 법이라며 삼가라고 했지만, 친구는 그 말을 자주 했었다.

누구나 장수하려면 술이나 담배를 끊어야 한다는 말을 자주 듣는다. 그것이 자기를 위해 하는 말인 줄 알지만, 나이가 든 사람들은 그 말을 들으면 화가 난다. 잔소리로 들리기 때문이다. 그래서 친구는 살면 얼마나 더 살며, 얼마 남지 않은 세상 먹고 싶은 것이나 먹고 살아야 할 것 아니냐고 불평을 한다. 그 소리가 사람들에겐 넋두리처럼 들린다.

실제로 70대는 장수했다고 말할 수 없다. 노인들이 모인 곳에 가면 70대는 명함도 내놓을 수 없다. 그리고 앞으로 고령화시대가 도래하여 노인문제가 심각한 사회문제가 될 것으로 예상도 되지만, 2020년이면 한국인의 평균 수명이 100세가 되는 초고령사회가 된다고 하지 않은가.

백 살까지 사는 것이 노년의 시기만 늘어나는 것을 의미해서도 안 된다. 남에게 폐를 끼치지 않고 살아가기 위해서는 젊고 건강하게 살아가려는 강한 정신력과 자신감이 필요하다.

오늘 친구가 한 말투는 죽음에 대한 두려움이라기보다는 대수술까지 받으면서 느꼈던 생에 대한 애착에서 나온, 죽음에 대한 발버둥질 같았다. 하지만 어딘지 모르게 자신감이 없는 듯이 들렸다.

나도 그런 경험이 있었다. 가슴에 있는 종양수술을 제거해야 한다는 의사의 말을 듣고, 정신이 멍하여 아무 결정도 못하고 한때 당황했었다. 가족들에게 알리는 것조차 두려웠다. 수술대에 올라가기 전까지 제대로 잠을 이루지 못하고, 기적이라도 일어나기를 바랄 뿐이었다. 그러나 수술을 받은 후에는 마음이 달라졌다. 그래서 술도 끊었다.

친구의 말을 듣고, 모 방송국 아침 건강코너에 출연한 의사가 한 말이 떠올랐다. 의료계에는 가끔 기적도 일어난단다. 도저히 의학적으로 설명할 수 없는 기적이라며 들려준 이야기였다.

그 의사가 치료했던 환자 중에는 더 이상 손을 써볼 희망이 없는 환자가 있었다. 가족들을 불러 환자의 상태를 설명하고 집으로 돌려보냈다. 그런데 상당한 기간이 경과되었는데도 그 환자는 예상과는 달리 죽지 않고 살아 있었다. 그 환자의 상태를 진찰하고 의사는 깜짝 놀랐다. 암 덩어리가 없어지거나 작아지지도 않고 그대로인데 활동이 중단된 상태였고, 환자는 아무 통증도 없이 살아가고 있었다. 의학적으로는 도저히 설명할 수 없는 기적이었지만, 사형선고를 받았을 때, 모든 것을 체념하고 마음을 비웠기 때문에 일어난 결과일 거라고 추측했단다.

친구는 수술 전에 금연식도 가졌다. 한두 잔 정도의 술은 건강에 괜찮지만 담배는 끊어야 한다는 의사의 말을 듣고, 마지못하여 담뱃갑을 들고 밖으로 나갔다. 한 대 피워 물고 한껏 빨아마시자 뱃속까지 후련했다. 속을 버린다는 의사의 말이 거짓말 같아 또 한 대를 피워 물었다. 머리가 몽롱해지고 검지와 장지 사이가 뜨끈해질 때까지 피우고, 담뱃갑과 라이터를 쓰레기통에 던졌다. 보는 사람이 없어서 씁쓸했지만, 기적이라도 일어나기를 바라는 심정으로 한 금연식(禁煙式)이었다.

"어이, 밥은 끊지 마. 늙으면 밥 힘으로 살아간다는 말이 있지 않은가? 건강을 회복하고, 더 오래 살기 위해서도 밥을 끊지 말아야 하네."

내 말을 듣고 친구는 소리 없이 웃기만 했다. 담배까지 끊고 대수술까지 받았으니 더 이상 푸념할 건더기가 없어졌음에 틀림없다고 생각되었다. 그래서 절대로 밥을 끊어서는 안 된다고 강조하고 쾌유를 빌며 발길을 돌렸다.

삶이란 어떤 처지에서 벗어나려고 애쓰는 발버둥질이다.

밭에서 본 약혼식

죽마고우들의 모임에서 있었던 일이었다. 우리보다 나이가 적고 많은 사람들에게 웃음을 선사하던, '행복전도사'라는 별명을 가진 사람이 사망했다는 보도를 듣고, 그의 사인이 화제가 되었다. 우리들도 나이가 들었으니 남의 일처럼 여기지 말고 몸조심해야 한다고 야단이었다.

신문기사에 의하면 건강진단을 받으러 병원에 간 그는 의사의 권고대로 종합검진을 받았으나 패혈증으로 판명되어 입원했고, 며칠 만에 숨을 거두었다. 아직까지도 패혈증은 쉽게 치유되지 못하는 병이었다.

그의 사망에 관한 기사를 읽고, 한 친구는 폐렴예방접종을 하러 병원에 갔으나 주사약이 다 떨어졌다는 말을 듣고, 며칠 후로 예약하고 돌아왔다고 말했다. 친구는 그의 사망 때문에 폐렴예방주사약이 동나버렸다고 불평했다.

폐렴과 패혈증과는 아무 관계가 없다는 내 설명을 듣고, 다른 친구가 폐렴이 심하여 폐렴균이 피에 감염되면 패혈증이 되는 것이라고 말했다. 나는 그 친구가 '폐'와 '패'를 혼동하고 있다고 말했지만 자기의 주장이 옳단다. 더 이상 대화를 해야 소용없음을 깨닫고 입을 다물었지만, 잘 알아들을 수 있도록 설명할 수 없는 내 마음은 답답하기만 했다. 그때 아파트 초입에 있는 밭에서 본 약혼식이 떠올랐다.

아파트 초입에 있는 작은 밭뙈기는 건물을 짓고 생긴 나대지였다. 상당히 넓은 땅덩이였지만, 도로변 토지만을 필요한 만큼 매입하여 건축을 하고, 공터로 남아 있는 땅이기 때문에 대형건물이 들어서기 전에는 그 땅은 별 쓸모가 없어 보였다. 그래서 빈터로 남아 자연히 쓰레기장이 된 애물단지였다.

실소유자가 누구인지는 모르지만 가끔 놀고 있는 공터에 욕심을 부리는 사람도 있었다. 봄이 되면 누군가 그럴듯하게 손질을 하고 씨를 뿌려보지만 오래 버티지 못했다. 한여름이 되면 채소밭인지 풀밭인지 구분하기 힘들 정도였다. 그 땅의 임자가 자주 바뀌는 이유였다.

그런데 어느 해 봄이었다. 누군가 땅을 파고 손질을 하더니, 가지, 고추, 참깨, 당근, 생강, 땅콩, 대파 등을 심고 솜씨를 부리며 잘 가꾸고 있었다. 밭도랑에는 돼지감자, 들깨, 콩 등을 심고, 건물의 울타리 가에는 호박도 심어 제법 의젓한 농장이 되었다. 얼마나 오래 가는지 두고 보자는 사람도 있었지만, 날이 갈수록 밭의 모양이 달라져갔다. 밭도랑에 심어놓은 키가 큰 돼지감자는 해바라기와 구분하지 못할 정도로 키가 자랐고, 고추와 참깨도 사람 키보다 크게 자라, 보는 사람마다 땅이 제대로 임자를 만났다고 말했다.

그런데 어느 날이었다. 나는 그 밭에서 낯선 것을 발견했다. 이파리가 손바닥만큼 큰 작물이었다. 만나는 사람에게 물어보아도 아는 사람이 없었다. 그렇다고 이른 아침에만 일을 하는 주인을 만날 수도 없었다.

처서가 지난 어느 날이었다. 채소를 심으려는 듯 주인이 고춧대를 뽑고, 땅을 파고 있었다. 나는 옆으로 가서 그 식물의 이름을 물어보았다. 그분은 이름이 잘 떠오르지 않는 듯 잠시 머뭇거리더니 빙긋이 웃었다.

"결혼식 전에 하는 것이 무엇이지요?"

뜬금없는 그의 질문에, 하도 어의가 없어서, '약혼식'이라고 말했더니, 바로 그것이라며 웃었다. 나는 뜻하지 않게 밭에서 약혼식을 구경한 셈이었다. 그 작물의 이름이 '약혼'이 아니라 '야콘'이었다. 낯선 이름이어서 곧 잊어버리기 때문에 연상(聯想) 기법을 이용하여 암기했던 모양이었다.

야콘은 국화과에 속한다. 뿌리의 생김새가 고구마와 비슷하지만 당도가 높고 수분이 많으며 맛이 시원하다. 뿌리는 식용으로, 어린잎은 샐러드용으로, 그리고 수확기의 잎은 차로 이용된다. 야콘은 당뇨와 혈압에 효능이 있단다. 그의 설명을 들으니 받도랑에 돼지감자를 많이 심은 이유를 짐작할 수 있었다.

나는 밭에서 본 약혼식을 떠올리며 친구들에게 '폐(肺)'와 '패(敗)'의 차이를 설명해주었다. 허파로 알고 있는 폐(肺)에 폐렴균의 침입으로 일어나는 염증을 폐렴이라 하고, 폐렴이 심하면 호흡곤란을 일으켜 사망에 이른다. 하지만 패혈증의 '패'는 글자가 다르다. '폐(肺)'가 아니라 '패(敗)'이다. 패(敗)가 승패라고 사용될 때는 '지다'는 뜻이지만, '부패'라고 말할 때는 '썩다'를 의미한다. 그리고 곪아서 고름이 생긴 상처나 종기 따위에서 병원균이나 독소가 계속 혈관으로 들어가 순환하여 심한 중독 현상이나 급성 염증을 일으키는 병인 패혈증은 '피가 썩는 병'이다.

사람들은 '패혈증'이란 말을 듣고 '폐혈증'으로 착각하는 경우가 많다. 그들은 '폐병'이나 '폐렴'과 관련짓는다. 그것은 큰 오해다. 비브리오균이 기식하고 있는 어패류나 생선을 날 것으로 먹다가 감염되는 비브리오 패혈증도 폐와는 관련이 없다. 오히려 간 기능이 좋지 않은 사람들이 감염되기 쉽다. '패혈증'이란 말을 들으면 '부패'나 '피가 썩음'을 연상하면 쉽게 이해할 수 있다.

내 설명을 듣고, 친구들은 역시 선생 출신이라 설명하는 것이 다르다고 말했다. 잘 이해가 되었다는 뜻이었다. 그러나 사실은 내가 교사 출신이어서가 아니라 밭에서 본 약혼식 덕택이었다.

- (한국현대문학작가연대)

빈 유모차

새벽길을 나선 할머니의 유모차 안에는 아이가 없다. 그래도 아이가 깰까 봐 두 손으로 조심조심 민다. 한참 걷다가 아이가 보채는지 발길을 멈추고 안을 들여다본다. 안심한 듯 두 손을 등에 대고 하늘을 우러러 감사한 다음, 옆에 따르는 할머니의 지팡이를 손으로 잡더니 유모차를 내민다.

어둑어둑한 이른 새벽, 산책에 나섰다가 골목길에서 본 두 할머니의 살가운 모습이다. 자기 혼자 걷기도 힘든데 동행한 친구를 배려하는 마음, 이것이 사람이 살아가는 진정한 훈김이 아닐까? 입고 있는 바지가 비슷한 제복인 걸로 보아 부근에 있는 요양병원에 입원한 노인들이다.

나이가 들면 누구나 자기 집에서 생을 마감하기를 바란다. 하지만 어쩔 수 없이 요양병원 신세를 진다. 요양병원에 입원한 사람 중에는 병으로 어려움을 겪는 환자보다 돌볼 가족이 마땅치 않아 입원한 사람이 많다. 간단한 외출 정도는 할 수 있는 사람들이 많다.

나이가 들면 새벽잠이 없다. 그렇다고 눈을 뜬 채 마냥 누워있을 수만은 없다. 전전불매하며 시간을 보내다가 날이 새는 기미가 보이기 무섭게 나선다. 구태여 누구를 부르거나 깨울 필요도 없다. 밖에 나가면 기다리는 친구들이 있다. 요양병원에서만 맛볼 수 있는 인간관계의 특징이다. 그리고 추석이 코앞인데도 한낮은 아직도 뜨겁다. 새벽길을 나서야 하는 이유다.

하지만 노인들이 걷는 데는 빈 유모차는 필수다. 빈 유모차는, 비록 타지 않고 밀고 다니지만, 늙어서 걸음마를 배울 때 없어서는 안 될 필수 도구이다. 열심히 밀고 다니며 걸음마를 배울 수 있기 때문이다.

내가 조금 더 걸어서 밤나무 한 그루가 서 있는 빈 주택지에 이르렀을 때였다. 어제 시장에서 산더미처럼 쌓여 있는 알밤을 구경했다는 아내의 말이 떠올라 나는 밤나무를 천천히 쳐다보았다. 예년에 비해 추석이 빠르기 때문에 시장에 나온 알밤이 중국산일지도 모른다는 내 말을 확인이라도 해주려는 듯 싱싱한 밤송이는 아직도 입을 굳게 다물고 있었다.

그런데 이상한 일이었다. 어둠 속에서 하얀 밤꽃이 달린 가지의 희미한 실루엣이 눈에 들어왔다. 밤꽃인지 아니면 벌래먹은 이파리인지는 어두워서 확인할 수 없었다. 돌아오는 길에 확인하기로 하고 계속 걸었지만 그 그림은 내 머리 속에서 쉽게 지워지지 않았다.

한여름 어느 날이었다. 멀리서 아파트 담을 따라 심어놓은 단풍나무의 일종인 신나무의 가지 끝마다 하얀 꽃들이 피어 있는 것이 보였다. 흰 꽃을 피우는 단풍나무는 없지만, 단풍나무는 봄에 꽃이 핀다는 사실을 알고 있었기 때문에 나는 이상히 여기고 가까이 갔다. 예상한 대로였다. 꽃이 아니었다. 병으로 시들어버린 것인지 아니면 벌레가 먹은 것인지는 알 수 없었으나, 하얀 줄기만 남아 오그라든 이파리 시체였다. 가지 끝마다 시체들을 달고 있었다. 기후변화에 따른 현상이라 생각되었다. 이미 아열대성기후로 변하여 전에 보지 못한 나무의 해충이 발견되기도 하고, 이상한 모습을 하고 있는 나무도 많았다. 나무가 나타내는 더위증후군이란 생각이 들었다.

산책을 마치고 돌아오는 길엔 날이 훤했다. 내가 다시 그 밤나무 밑으로 갔을 때, 나는 정말 놀랐다. 밤나무의 한 가지 끝에 하얀 꽃 다섯 개가 무더기로 달려 있었다. 밑으로 약간 처지는 밤꽃과는 달리 머리를 꼿꼿이 세우고 피어 있었다.

“밤나무도 더위 먹나요?” 하도 신기하여 내가 스마트폰에 담고 있을 때, 지나가던 사람이 무얼 찍느냐고 물었다. 내가 가리키는 밤꽃을 보더니 대뜸 하는 말이었다.

초겨울에 한두 송이 핀, 제정신이 아닌 개나리꽃은 가끔 구경했다. 작년에는 여름철 태풍의 여파로 늦은 가을에 때 아닌 벚꽃과 아까시나무 꽃도 구경했다. 그러나 가을에 핀 밤꽃을 보기는 이번이 처음이었다. 올여름 무더위에 사람뿐만 아니라 나무들도 무던히 시달려 제정신이 아니라는 뜻이었다. 그 말을 듣자 더위로 홍역을 치루고 있다는 친구 부인이 떠올랐다.

친구의 부인은 동양화가였다. 친구는 공기업에서 정년퇴직을 했지만 부인이 화실을 운영하며 살아가기 때문에 모두 부러워하고 있었다. 늙은 말년에 신세가 펴진 그 친구를 오랜만에 만나 부인의 안부를 물었더니, 나이 탓도 있지만, 더위가 심해서 화실의 문을 닫고 룸펜이 되었다는 의외의 말을 들었다. 사회구조가 멀쩡한 사람을 병신으로 만들고 있다며 불평을 하고 있었다.

화실에는 정기적으로 다니는 교습생들이 많았다. 대부분 취미로 한국화를 배우는 초등학교 교장과 교감선생님들이었다. 오랜 교습을 통해 국전에 입선한 사람도 있었다. 그들은 특기·적성교육과 방과후수업을 대비하기 위해 자기 학교나 인근학교 교사들을 데리고 왔다. 자연히 학원이 활성화되고, 자주 열리는 주회(酒會)로 분위기도 훈훈하고 북적거렸다.

그런데 그들이 정년퇴직을 하면서부터 상황은 달라졌다. 국전에 입선 경력이 있는 그들은 복지회관에서 훌륭한 강사로 활동하고 있었다. 자연히 전직의 프리미엄까지 이용하여 많은 사람들을 끌어들여 복지회관은 활기가 있었다. 친구의 부인에게 찾아오는 사람은 하나도 없었으니 당연히 더위를 먹을 수밖에. 청출어람이란 말을 실감했지만, 그렇게 허망할 줄은 몰랐단다. 설상가상으로 맹위를 떨치는 올여름 더위까지 겹쳐 견디지 못하고 학원의 문을 닫았다.

나는 친구더러 자기 부인에게 빈 유모차를 사주도록 권했다. 내 말을 들은 친구는 태울 아이도 없는데 웬 유모차라며 신경질을 냈다. 나이가 들면 유모차가 필요하다는 걸 아직 모르고 있는 친구였다. 그래서 나는 일찍 유모차를 사 두는 것도 노년기 유비무환의 일환이라고 말했다.

나무는 더위를 먹으면 때 아닌 엉뚱한 꽃을 피우면 된다. 하지만 사람이 더위를 먹으면 쓰디쓴 익모초 즙을 마셔야 한다. 그 즙을 피하기 위해서는 새벽에 일어나 열심히 빈 유모차를 밀고 다녀야 한다.

- (문맥 41호)

산상의 강의

8월 하순 어느 날이었다. 계속되는 폭염을 피해 아침 일찍 화산공원에 올랐다. 집을 나설 땐 제법 서늘함마저 느껴졌다. 더위가 아무리 기승을 부려도 찾아오는 가을을 막을 수 없다는 말이 실감되었다. 산에 오르자 벌써 많은 사람들이 군데군데 마련된 공간에서 각자에게 알맞은 기구를 선택하여 운동을 하고 있었다.

"산행 중에 노래를 틀면 안 되는가요?"

내가 반환점을 돌아 운동기구가 많이 설치된 넓은 공간에 도착했을 때였다. 손에 휴대용 녹음기를 들고 있는, 나이가 지긋한 사람이 나에게 물었다. 주위에는 운동기구에 올라 땀을 흘리고 있는 사람들이 많이 있었지만, 길에 서서 지나는 사람들에게 묻고 있었다.

"오늘 아침 저는 황당한 꼴을 당했습니다. 한 여인이 다가오더니 시끄럽다며 제 녹음기를 끄라고 하데요. 집에서 듣는 음악소리도 지겨운데 산에서까지 들어야 하느냐며 항의를 했습니다. 그래서 내가 하고 있는 일이 남의 기분을 상하게 하는 일인지 알아보려고 합니다."

이유를 묻는 나에게 그가 한 말이었다. 말하는 태도나 어투로 보아 서운함이 몹시 크다는 것을 느낄 수 있었다. 하고 싶은 일을 하다가 제지당했을 때 누구나 가질 수 있는 불평이었다.

그의 설명을 듣고, 〈산에 올라가 봐야〉라는 제하로 쓴 졸문이 떠올랐다. 산에서 만나는 꼴불견 중 하나가 라디오를 켠 채 들고 다니는 사람이었다. 맑은 공기를 만끽하며 부푼 가슴을 안고 사색에 잠기거나, 자연스럽게 들려오는 감미로운 새들의 멜로디, 또는 시간이 흐를수록 변해가는 숲의 소리를 들으며 잠겨있는 무드에 찬물을 끼얹는 무례한 행동이었다.

그분은 매일 아침 일찍 이곳을 산책하고 있었다. 그가 보기에 사람들은 한결같이 웃지도 않고 운동에만 전념하고 있었다. 운동하는 동안만이라도 웃으며 즐겁게 시간 보내기 위해서는 음악이 필요하다고 느껴졌다.

마침내 그는 휴대용 녹음기도 사고, 최신 테이프까지 구입했다. 순전히 봉사 차원에서였다. 그런데 오늘 그것 때문에 기분 나쁜 항의를 받았다. 나는 그분이 오해하지 않도록 상황을 설명할 필요를 느끼고, 그분과 함께 가까운 정자로 가서 산상의 강의를 시작했다.

먼저 산책하는 사람들의 양태 파악이 잘못된 것이다. 공원에 오는 사람들 중에는 자기처럼 순전히 운동과 시간을 보내기 위해서 오는 사람도 있지만 그렇지 않은 경우도 있다. 친구와 만나서 대화를 나누기 위한 사람, 아이들과 남편을 학교와 직장에 보내고 한숨을 돌리기 위한 사람 등, 여러 유형의 사람들이 있는데 그들을 자기와 똑같은 생각을 가지고 있는 사람으로 판단한 것이 실수다. 그것은 자기중심적 사고의 표본이요, 개인의 견해를 모든 사람에게 강요하는 위험한 발상이다.

자기가 듣기 좋아하는 음악을 다른 사람도 좋아할 거라는 생각도 계산 착오다. 아무리 듣기 좋은 소리도 한두 번이라는 시쳇말도 있지 않은가? 그리고 각 가정에서도 음악의 장르 때문에 가족끼리 큰소리가 나오는 경우도 있다. 그런데 자기가 고른 곡을 일률적으로 듣도록 강요하는 것은 분명히 번지수를 잘못 짚은 것이다. 그들 귀에 들려오는 노래는 자기들의 행동을 방해하는 한갓 소음일 뿐이다.

여러 사람들의 의견을 들으려 하는 것도 좋은 방법이 아니다. 찬성하는 사람이 많다고 음악을 틀고 다니면 안 되기 때문이다. 다수가결이란, 결정하기 어려운 의견을, 되도록 많은 쪽의 의견을 들어 결정하는 편리한 방법이지만, 만능은 아니다. 누구나 삶의 질 향상과 건강증진을 위해 쾌적한 환경 속에서 인간답게 살 환경권을 가지고 있다. 따라서 소수의 의견도 존중되어야 한다. 그렇지 않으면 소수자는 자기 의견을 관철시키기 위해 1인시위도 하고, 민원도 제기한다는 사실을 잊지 말아야 한다.

봉사활동 차원이라는 말을 했는데 그것도 설득력이 없다. 포교의 의미도 있지만, 어느 교회에서 산책하는 사람들에게 가끔 차를 대접한다. 고맙게 차를 마시는 사람도 있지만, 거들떠보지도 않고 지나치는 사람이 훨씬 더 많다. 공짜 좋아하는 세상이라고 말하지만 기호에 맞지 않은 것은 싫어한다는 뜻이다.

내가 공원 초입에 있는 빨간 대자보를 본 일이 있느냐고 묻자, 그는 '고성방가 금지'라고 쓰여 있는 내용까지도 알고 있었다. 공원의 곳곳에 세워져 있는 입간판에도 불구하고 구태여 빨간 대자보를 걸어놓은 이유를 묻자 대답을 못했다. 나는 많은 민원 때문에 구청에서 특별히 설치한 것이라고 설명해주었다. 자기가 들고 다니는 녹음기 소리도, 듣는 사람에 따라서는, 고성방가가 될 수 있다는 뜻이었다. 내 설명을 들은 그분은 고맙다고 말하고 일어섰다.

바로 옆 아까시나무 위에서 내 산상 강의를 도청하고 있던 꾀꼬리는 강의가 끝나자마자 청아한 목소리로 노래를 부르기 시작했다. 종강을 축하하는 멜로디였다. 오늘따라 그 소리가 한층 더 경쾌하게 들렸다.

- (전북수필 第87호)

유면관(宥免冠)

배불숭유정책을 국시로 삼았던 조선시대에 사람이 살아가면서 마땅히 지켜야 할 다섯 가지 도리를 오륜이라 했다. 부자유친, 군신유의, 부부유별, 장유유서, 그리고 붕우유신이 그것이었다. 그 중 한 가지 덕목이라도 소홀히 하면 인간으로서 대접을 받지 못했다.

오륜은 사회 집단이나 조직의 구성원이 빚어내는 개인적 정서적인 인간관계를 나타내는 덕목이었다. 그 중 군신, 부자, 장유는 상하 또는 주종의 관계에 있는 종적관계를, 그리고 부부와 붕우는 수평적 관계를 나타냈다. 따라서 오륜은 모든 인간관계에서 지켜야 할 도덕률이었다.

봉건사회에서 이 다섯 가지 덕목 중 어느 것이 가장 중요한 것인가 하는 문제는 재론의 여지가 없었다. 한 가지라도 소홀히 하면 오륜도 모르는 패륜아 취급을 당하며 따돌림을 당했기 때문이었다. 그러나 나는 이 다섯 가지를 포괄적으로 표현할 수 있는 것이 있을 거라고 생각했다.

충(忠), 효(孝), 서(序), 별(別), 그리고 신(信)을 포괄할 수 있는 표현을 나는 '신'이라고 생각했다. '신'은 서로 믿고 의지하는 것이며, 그것이 없다면 군신간의 충성이, 부자간의 지극한 효도가,

상하간의 건강한 서열이나 부부간의 진정한 사랑이, 그리고 교우간의 다정한 우정이 있을 수 없다고 생각해서였다.

내가 교육현장에서 근무할 때 나는 학생들에게 대화를 나누며 밤을 지새울 수 있는 친구가 한둘쯤은 있어야 한다고 강조했다. 서로 흉금을 털어놓을 수 있는 믿음직한 친구가 있는 사람이 가장 행복한 사람이며, 대화의 기회와 장을 마련하기 위해서도 친구와 함께 자주 등산과 여행을 하도록 권장했다.

신의가 없는 우정은 오래 지속될 수 없으며, 고자질은 교우관계를 위험하게 만든다. 그리고 친구와 함께 한 행동이 설령 불미스러운 것으로 판명되더라도 남에게 먼저 이야기하는 것은 의리없는 고자질이다. 오히려 발견 즉시 친구에게 고치도록 충고할 수 있는 용기가 필요하며, 용기는 우정을 두텁게 하는 자양분이다. 그것이 또래를 통한 행동수정방법이다.

사람은 혼자 살아갈 수 없다. 타인과 관계하며 집단 속에서 살아간다. 그리고 자의든 타의든 자기가 선택한 집단 안에서 타인과의 주종관계나 상하 또는 동료관계의 성립은 불가피하며, 그 집단이 건강한 집단이 되기 위해서는 구성원 상호간의 믿음은 필수다. 믿음이 있어야 공동목표인 집단의 이익을 창출할 수 있기 때문이다.

집단의 이익창출을 위해서는, 경쟁하는 다른 집단과는 두말할 나위도 없지만, 각 구성원 간에도 극비리에 진행되어야 하는 사업도 있다. 구성원이 지켜야 할 계율과 금기가 필요한 이유다.

그런데 바로 그런 사업들 때문에 요즘은 재미있는 사건들이 발생한다. 집단의 이익창출을 위해 비밀리에 공동으로 벌인 사건을, 그것도 주도적으로 참여한 사람이, 경우에 따라서 자기 기분에 들지 않는다고 고발하는 사람들이 있다.

직장 상사나 동료와 함께 벌이는 일이 부당할 때는 단호하게 거절하거나 만류할 용기가 있어야 하는데, 용기를 발휘하기는커녕 꽥 소리도 없이 공범자가 된 사람이, 그 사실을 자기가 불리한 상황에 처할 때를 대비하는 자료로 삼고 간직했다가 폭로하고 고발한다. 배은망덕한 고자질이다.

실제로 그들이 고발하는 현장을 보면 기가 차서 말문이 막힌다. 그들은 상대가 옴짝달싹하지 못할, 사전에 확보한 사진이나 기록물 또는 영상자료를 가지고 협상을 꾀한다. 그리고 거부당하면 폭로한다. 막돼먹은 사람들이나 벌이는 말증(末症)이다.

그런데 오늘날 수사기관에서는 대부분의 비리사건을 해결하는데 그들의 폭로를 활용한다. 고자질을 양심선언으로 미화하고 포상까지 하면서 국민들의 알권리를 충족시켜 주었다고 대서특필한다. 또 내부 고발인 보호라는 미명하에 프리미엄으로 그들의 죄를 유면(宥免)한다. 고자질의 대가로 받는 공로표창이다.

하지만 공범자도 죄인임에는 틀림없으며 유면으로 죄가 영원히 사(赦)해지는 것이 아닌데, 주홍글씨나 전자발찌 대신에 정장과 머리에 유면관(宥免冠)을 씌워준다. 그러면 뻔뻔한 영웅(?)들은 벼슬이라도 한 양 그 유면관이란 모자를 쓴 채 방송에 출연하여 인터뷰도 하고, 의기양양하게 거리를 활보한다. 눈꼴사나운 일이다. 게다가 그들의 모습을 TV화면에 클로즈업하면서 특종인 양 보도하는 것을 보면 더더욱 가관이다.

실제로 눈에 거슬리는, 믿음이 없는 배신자가 행복하게 살아가는 사회가 살맛나는 사회라고 말한다면 나도 할 말이 없다. 그리고 전처럼 학생들이나 젊은이들에게 "신의를 지켜라" 또는 "고자질하지 말라"고 말한다면, 나는 케케묵은 오륜이나 들먹이는 늙은 봉건꼴통이란 봉변을 당하기 십상일 게다. 그런데 다행히도 그럴 기회도 없어졌다. 또 그럴 필요도 없게 되었다. 정년퇴직으로 편의주의자들이 즐겨 애용하는 유면관(宥免冠)도 써 볼 기회조차 사라져버렸다.

- (석정문학 25호)

이모지년(二毛之年)의 교훈

40대 후반이나 50대 초반의 낯선 사람을 만나, 많이 늙었다고 말한다면 어떤 반응을 보일까? 틀림없이 재수 없는 날이라며 화를 낼 것이다. 하물며 상대가 여자일 경우에는 불문가지다. 그들은 자신들이 늙어가고 있다는 사실을 모르고 있고, 또 그 사실을 알려고도 하지 않기 때문이다.

인생은 나그네 길이라고 한다. 삶 자체가 반드시 시작과 끝이 있는 여정이라는 뜻이다. 그런데 사람은 태어나면부터 반드시 성장하는 것으로만 착각하는 사람들이 많다. 시작은 있으나 끝이 없는 여정으로만 생각하는 사람들이다. 하지만 생로(生老)는 인생 여정의 필연적인 과정이기 때문에 일정한 성장기가 지나면 반드시 늙음이 뒤따른다는 사실을 잊어서는 안 된다.

그 여정을 그림으로 나타내면 어떻게 될까? 태어나면서부터 정상을 향하여 달리지만, 꼭짓점(peak)에 이르면 하향곡선을 이루며 낙하하는 2차방정식 그래프인 포물선이다. 그 꼭짓점은 성장을 나타내는 상향곡선의 끝이요, 동시에 늙음을 나타내는 하향곡선의 출발점이다.

그 꼭짓점을 나타내는 때는 언제일까? 동양에서는 인생을 육십으로 간주한다. 육십갑자라는 말을 사용하고, 육십이 지나면 장수했다고 잔치를 베풀어주면서 축하한다. 그 이상은 자기의 인생이 아닌 남의나이라 한다. 중간지점이요 포물선의 정점이 되는 30대에서 늙음의 흔적을 찾아야 하는 이유다.

정점을 향한 상향곡선에는 지학(志學), 이팔청춘, 약관이나 성년, 정년(丁年), 그리고 이립(而立)이라는 성장기의 발랄함과 혈기왕성한 말로 각각의 나이를 표현하고, 하향곡선에서는 불혹(不惑), 지천명(知天命), 그리고 이순(耳順)이란 원숙하고 중후한 말로 표현한다. 이는 30대가 인생의 분기점임을 나타내는 방증이다. 그런데도 많은 사람들은 그 사실을 외면하려 한다.

사람의 몸에서 제일 먼저 늙는 흔적이 나타나는 부분은 어디일까? 사람들은 대부분 얼굴의 주름이라고 생각한다. 주름이 나타나면서부터 늙는 것으로 간주하고, 그 주름을 지우려고 매일 아침 죄 없는 얼굴을 두드리고 그리며 그것도 부족하여 수술까지도 한다. 그러나 그것은 오해다. 늙어가는 신호가 제일 먼저 나타나는 곳은 얼굴이 아니라 머리이다. 센 머리털이 그것이다.

사람들은 자기 머리에 나타나는 센 머리털을 보고 늙어가고 있음을 자각하는 것이 아니라, 쓸데없는 새치라 생각하고, 기분 나쁘다며 뽑아내는 데만 열중한다. 그러나 그것을 뽑아낸다고 늙지 않을까? 천만의 말씀이다. 하나를 뽑아내면 두 개가 생긴다는 속설도 있지 않은가. 따라서 뽑아낸다는 것은 인생 순리에 역행하는 행위이다.

그럼 언제부터 늙을까? 흰머리가 많이 나는 40대 후반이나 50대? 아니다. 새치가 하나 둘 나서 뽑기 시작할 때부터 늙기 시작한다. 처음에는 어린 자식들에게 일정 액수를 주면서 뽑도록 하다가도 점점 지불해야 할 액수가 늘어 돈이 아까울 때가 있다. 그때는 이미 늙은 것이다. 돈 줄 터이니 마음 놓고 뽑으라고 큰소리칠 때가 덜 늙은 것이다. 그럼 그때가 언제일까? 개인차에 따라 약간의 차이가 있겠지만 30대 초반이란 것은 이미 짐작할 것이다.

많은 사람들은 내 말을 엉터리라고 반박한다. 30대면 한창때인데 늙는다는 말이 웬 말이냐고 항의한다. 너무 빠르기 때문에 믿기지 않아 부정하려 하지만, 옛 성현들이나 선조들도 인정했던 명약관화한 사실이다. 실제로 강한 체력을 요하는 스포츠계에서도 선수의 나이가 서른이면 한물간 늙은이로 취급하고, 기생의 환갑은 서른이라는 속담도 있지 않은가.

희끗희끗하게 센 머리털을 반백(斑白) 또는 이모(二毛)라 하고, 센 머리털이 나기 시작하는 나이라는 뜻으로 32살을 이모지년((二毛之年)이라 한다. 32살은 인생 포물선의 정점이요, 그때부터 늙는다는 뜻이다. 그런데 그때 생기는 반백을 새치라 하여 뽑아버리고, 센 머리가 많아진 반백(半白)이 되면 염색하고 위장하여 늙지 않은 체한다.

나도 50대 초부터 염색을 했다. 염색을 하고 나면 만나는 사람마다 더 젊어졌다고 했다. 그 말을 듣고 싶어서는 아니었지만, 그것이 인생의 순리에 역행하는 지도 모르고, 남들이 하니까 따라서 했다. 그러자 부작용이 나타났다. 시력도 나빠지고, 무엇보다도 머리가 많이 빠졌다. 속알머리 없는 사람이 되어 바람이 차가운 겨울철과 햇볕이 따가운 여름에는 모자를 착용해야만 했다. 고민 끝에 하던 염색을 중단했더니 머리가 빠지지 않았다. 그리고 무엇보다도 사람들에게 진짜 내 모습을 보여줄 수 있어서 좋았다.

그런데 어느 날이었다. 성당에서 미사를 마치고 나오는데 선배 한 분이 옆으로 오더니, 다른 사람들이 들을까 봐 조용한 목소리로, 어디가 아프냐고 물었다. 내가 전혀 그렇지 않다고 말해도 그 분은 고개를 갸우뚱거리며 건강이 최고라고 말하면서 몸조심하라고 했다. 나는 감사하다고 말하며 얼버무렸지만, 내가 이모지 년의 교훈을 진작 깨닫고 처음부터 염색을 하지 않고, 순리대로 살았더라면 그런 말을 듣지 않았을 거라고도 생각되었다. 하지만 만시지탄이었다.

- (전북수필 77호)

학이시습(學而時習)의 즐거움

나무는 사람을 속이지 않는다. 단지 사람들이 나무에 대한 그릇된 짧은 지식으로, 확인도 없이 눈에 보이는 대로 하는 성급한 속난 때문에 실수를 저지를 뿐이다. 그리고 편협한 단편적 지식으로 장님 코끼리 말하는 것처럼 전체를 알고 있다고 장담하는 경향이 있다.

11월 하순 어느 날이었다. 추운 겨울 날씨에 대비하여 아파트 베란다에 있는 화분을 정리하다가 맞은 편 동(棟) 입구에 서 있는, 빨간 열매가 주저리주저리 달린 헐벗은 산수유나무를 발견했다. 열매가 하도 많이 달려서 가지가 찢어질 것처럼 보였다.

산수유열매는 음료수나 차(茶) 재료로 인기가 있다는데 자리를 잘못 잡은 이 나무는 주인을 잘못 만나서 천대받고 있다는 생각도 들었다. 게다가 건물 때문에 그늘에 위치하고 있어서 설렁한 기분도 들었다. 하지만 나는 그 나무 덕분에 만추(晩秋)를 실감할 수 있었다.

그런데 어느 날, 나는 우연히 그 나무 밑에 가서 빨간 열매를 보고 깜짝 놀랐다. 분명 내가 알고 있는 산수유열매가 아니었다. 이미 나목이 되어 이파리는 볼 수 없었지만, 나무 둥치의 표피도 산수유나무의 그것이 아니었다. 며칠 후 관리사무소 직원을 통해서 그 나무가 산사나무라는 것을 알았다.

내가 산사나무를 처음 접한 것은 서울삼성병원에서였다. 아내와 함께 병원에 갔을 때 본관 정원에 서 있는 몇 그루를 발견하고, 처음 보는 나무여서 관심을 가지고 인터넷을 검색하고, 그 나무에 대한 정보를 어느 정도 알고 있었다. 그런데 내가 살고 있는 아파트단지 안에서 그 나무를 보고도 식별하지 못했으니 어처구니없는 일이었다.

3월 하순에 아파트 입구에 서 있는 몇 그루의 산수유나무가 노란 꽃을 피우고 있을 때 그 나무는 꽃을 피우지 않았다. 5월말에야 하얀 꽃을 피웠다. 나는 그 나무가 사과나무일 거라고도 생각했었다. 그런데 그 사실을 잊고 멀리서 보이는 빨간 열매를 보고 산수유나무라고 착각하고 있었다.

며칠 후 나는 아파트단지 입구에 있는 산수유열매를 따서 그 나무 밑으로 가지고 갔다. 열매의 크기도 다르지만 모양도 달랐다. 산수유열매는 길둥글었지만 산사나무열매는 둥글었다. 그리고 크기는 좀 다르지만 생김새가 영락없이 찔레나무열매였다. 그리고 잔가지가 많고, 가지마다 긴 가시가 많이 달려 있었다. 그러고 보니 산사나무나 찔레나무 둘 다 장미과에 속했다.

나는 지금까지 주위에서 만나는 모든 사물들에게 별로 관심이 없이 건성건성 살아왔다. 그래서 십여 년 넘게 보아 온, 아파트단지 안에 있는 나무를 확실히 식별하지 못했다. 학이시습이 필요한 이유였다.

내가 학이시습이란 말을 처음 배운 것은 고등학교 1학년 때였다. 그때 한문선생님은 항상 하얀 한복과 두루마기 차림이었고,

코밑에 팔자 모양의 하얀 짜개수염이 있는 전형적인 훈장 모습이었다. 가끔 양손으로 수염을 만지작거리시면서 헛기침을 하고, 가느다란 회초리로 교탁을 두드리며, 논어에 나오는 학이시습지불역열호(學而時習之不亦說乎)라고 가르쳐주셨다. 배우고 때때로 익히면 또한 기쁘지 아니한가라는 뜻이었다. 그때 그 선생님의 모습은 지금도 기억에 생생하다.

나는 글을 쓰면서부터 학이시습의 중요성을 깨닫고 실천하고 있다. 알고 있었던 것도 확인하는 버릇이 생겼고, 눈에 보이는 대로 호기심을 가지고 확인하려고 노력하고 있다. 그 덕으로 산수유나무와 산사나무도 식별할 수 있었지만, 내 글을 읽은 독자들로부터도 많은 것들을 배운다.

> 매끄럽게 벗고 서 있는 배롱나무/ 울안에 심지 않았던 선현의 깊은 뜻/ 말없이 감싸 안는/ 가슴 깊이 면면히 흐르는 미덕

김계식 시인의 시 〈미(美) 그리고 추(醜)〉의 일부이다. 김 시인은 〈백일홍과 명화〉라는 내 졸고를 읽고 백일홍을 울안에 심지 않는 또 다른 이유는 나무의 껍질이 벗겨졌을 때의 표피 때문이라는 설이 있다고 귀띔해 주었다.

껍질이 벗겨진 표피의 모습은 매끄러워 여인의 나신으로 비유되었고, 양반들은 울안에 서 있는 백일홍나무를 보고, 버릇없이 여자가 대낮에 발가벗고 서 있는 것처럼 느껴져 망측하고 민망하였다. 울안에 그 나무를 심지 않게 된 연유였다.

모든 사찰 경내에는 백일홍나무가 몇 그루씩 서 있다. 이는 부

처님께 드리는 공양 중 으뜸인 꽃 공양을 위해 개화 기간이 긴 백일홍이 필요하기 때문이다. 그리고 경상북도 일부 지역에서는 집집마다 울안에 백일홍나무를 몇 그루씩 가지고 있다. 그 나무를 통해서 자손들에게 매끄럽고 깨끗한 삶을 가르쳐 주기 위해서다.

나는 수필을 통해서 고등학교 시절 한문선생님의 가르침을 실천하는 만학도가 되었다. 늦게 배운 도둑처럼 날 새는 줄도 모르고 즐거움에 포옥 빠져 있다. 학이시습(學而時習)의 즐거움이다.

- (월간 한울문학 86호)

희비가 교차하는 의사의 한 마디

의술의 발달로 인간수명이 많이 연장되어 노인인구가 급속도로 늘어가고 있다. 그리고 건강보험제도 덕택으로 몸이 조금만 불편해도 병원을 찾는 사람들이 많아져, 환절기가 되면 동네의원은 감기환자로 초만원이다.

환자들이 병원을 찾는 이유는 의사의 정확한 진단과 처방 그리고 쉽게 나을 수 있다는 위로의 말 때문이다. 그러나 의사가 말을 함부로 하거나 거드름을 피우고 불친절하여 환자의 마음에 들지 않으면 지체 없이 다른 병원으로 옮기고 입방아를 찧는다. 그러면 입소문이 나서 그 병원은 회피 대상이 되어 어려움을 겪는다. 의사가 고객인 환자들에게 친절하고 말을 삼가야 하는 이유다.

특별한 경우를 제외하고 의사는 환자들의 생사여탈권을 손에 쥔 절대자와 같다. 아무리 서슬이 시퍼런 사람들도 의사 앞에만 가면 주눅이 들어 맥을 못 춘다. 찾아오는 여인들의 손과 배를 마음대로 만져도 성추행이라고 항의하는 사람도 없다. 오히려 의사가 말하기도 전에 보여주어서는 안 될 곳까지도 자진해서 보여주는 사람도 있다.

의사들의 입에서 나오는 말 중에 가장 듣기 싫은 것이 다른 큰 병원에 가 보라는 말이다. 물론 자기 병원에서 해결할 수 없기 때문에 시설이 좋은 큰 병원으로 가서 정확한 진단을 받아보라는 친절한 안내이지만, 그 말을 듣는 순간 환자나 가족은 맥이 빠지고, 중증환자라는 생각이 들어 불안해진다.

십여 년 전 일이었다. 콜록콜록하며 동네병원을 찾아가 일주일분의 감기약 처방을 받은 일이 있었다. 그러나 별다른 효과가 없어서 재차 방문했을 때 의사는 난색을 표했다. 감기약을 가장 강하게 처방했는데도 감기가 낫지 않았으면 감기라기보다는 다른 증세를 의심해 봐야 한다며 흉부X-ray촬영을 했다. 판독 결과 큰 병원에 가봐야 한다며 소견서를 써주었다.

대학병원에 가서 예약을 하고 집으로 돌아왔을 때 아내는 집에 늦게 온 이유를 물었다. 사실을 말하자 아내는 나를 위로하려는 듯 별 거 아닐 거라고 말하며 태연한 체했지만, 마음의 동요가 역력해 보였다. 나도 억지로 덤덤한 표정을 지으며 말을 아꼈지만 그 때의 심정은 말로 표현할 수 없었다.

며칠 후 CT촬영기사로부터 암은 아니라 말을 들었을 때 나도 모르게 저절로 안도의 한숨이 나왔다. 하지만 그 후로 나는 천식으로 대학병원호흡기내과의 단골환자가 되었다.

호흡기내과에서 정기적으로 CT촬영을 한 후, 의사는 나에게 MRI사진을 찍어 보자고 했다. 의사의 지시에 따를 수밖에 없었지만 눈앞이 아찔하였다. 태연하려는 노력도 소용이 없었다. 술을 좀 줄이라고 말한 주위 사람들의 얼굴이 떠오르며 이제 올 것이 온 모양이라는 생각도 들었다.

MRI촬영 결과 허파와 심장 사이에서 1.5㎝ 정도 크기의 종양이 확인되어 의사는 수술을 권했다. 악성은 아닐 것 같다고 나를 안심시켰지만 나는 선뜻 대답을 못하고 우물쭈물하고 있었다. 가족들과 의논해서 정하자는 의사의 말을 듣고, 병원을 나왔지만 발걸음이 제대로 떨어지지 않았었다. 수술을 하기로 결정하기까지 정말 힘들었다.

수술하기 전에, 혹시 수술을 하지 않아도 되는지 알아보기 위해, 병원에 입원하여 조직검사를 하기로 했다. 금식을 하고, 수액 주사를 맞으며 조직검사장에 가서, 차례가 되기를 기다리고 있을 때, 검사원이 나에게 조직검사를 할 수 없다고 말했다. 아내는 검사 자체를 할 필요가 없다는 말로 오해하고 가슴이 무너지는 것 같았단다. 종양의 위치가 조직을 떼어낼 수 없는 곳이어서 수술이 불가피하다는 설명을 듣고서야 진정이 되었다.

집도의가 수술을 마치고 마취에서 깨어난 나에게 축하한다고 말했다. 일찍 발견해서 다행이라며 지금까지 수술 경험으로 봐서 악성이 아님을 자신한다며 축하한다고 말했다. 나는 의사한테서 그렇게 반가운 말을 들어보기는 처음이었다. 종양의 위치가 뼈의 밑 부분이고 통증도 없었을 텐데 어떻게 그렇게 빨리 발견했느냐고 묻기에 지금까지의 과정을 설명했더니 천만다행이라고 말했다. 그 말에 모든 통증이 다 사라지는 것 같았다.

고로롱팔십이란 말이 떠올랐다. 병으로 고로롱거리면서도 여든까지 삶을 이르는 말로 예상보다 오래 산다는 뜻이었다. 조금만 불편해도 병·의원을 찾기 때문에 장수할 수 있었다는 말이었다. 나도 비록 천식 때문에 정기적으로 병원을 찾는 어려움은 있었지만, 다행이도 그 덕에 가슴 속에 있는 종양을 쉽게 발견할 수 있었다.

입원환자들에게 퇴원이란 말보다 더 반가운 말은 없다. 아침에 회진을 온 담당의사한테서 내일 퇴원을 해도 된다는 말을 들었을 때, 군대에서 제대특명을 받은 기분이었다. 곧 이어 간호사가 와서 왼손 등에 꽂혀 있는 주사바늘을 제거하자 난 날아갈 것 같았다. 나는 의사들이 하는 말도 반가울 때가 있다고 생각하며 즐거운 마음으로 병원을 나섰다.

제3부

소나무가 흘린 피눈물

감교장

유월 하순 어느 날 오후였다. 이미 장마철에 접어들었다는 예고가 있었지만, 장마전선은 제주도에 머물고, 날씨는 연일 찜통더위였다. 오늘은 비가 오려는 듯이 종일 날씨가 흐리고 빗방울도 간간히 떨어지고 있었지만, 비는 오지 않고 후덥지근한 날씨가 계속되었다.

나는 상처를 한 친구의 문상을 마치고, 싱그러운 풀 냄새가 그리워 무더위도 식힐 겸, 오후 늦게 전주천변으로 나섰다. 키를 훨씬 넘는 둔치의 억새와 냇가의 갈대 숲 사이로 난 길을 따라 천천히 걷고 있을 때였다. 억새 숲이 끝나는 지점의 풀 속에서 희한한 것을 발견했다. 한 포기의 꽃창포가 자색과 황금색의 꽃을 함께 피우고 있었다.

나는 분재원에서 여러 가지 색의 꽃을 피운 철쭉을 본 일은 있었다. 접목으로 만들어낸 철쭉이었지만, 빨강 노랑 하얀 꽃이 한 나무에 달려 있었다. 하지만 지금까지 여러 색깔의 꽃을 달고 있는 꽃창포는 본 일이 없었다.

호기심에서 허리를 굽히고 자세히 들여다보았다. 틀림없이 하나는 자색의 꽃창포 꽃이었지만, 다른 하나는 황금색 금계국 꽃처럼 보였다. 누군가의 장난이었을 거라 생각하고 금계국 꽃에 손을 대보았다. 허망하게도 꽃창포의 꽃대와 이파리 사이에 끼여 있던 황금색 금계국 꽃이 비스듬히 넘어지더니 땅에 떨어졌다. 그것을 보고 불현 듯 감 교장에 대한 추억이 떠올랐다.

내가 어느 지역교육청 장학사로 근무하고 있을 때였다. 관내 교장 한 분이 교육장에게 노랗게 익은 감이 몇 개 달린 감나무 분재를 선물로 보내왔다. 보는 사람마다 분재가 멋있다고 감탄했다. 나도 그것을 보고 감나무로도 좋은 분재를 만들 수 있다고 생각했었다. 그리고 그 감이 정말 먹음직스러워 보였다. 그런데 알고 보니 그 감나무 분재는 모조품이었다.

며칠 후였다. 교육장실을 찾은 교장 한 분이 그 감이 먹음직스럽다며 군침을 흘리고 있었다. 그것을 본 교육장은 먹고 싶으면 하나 따먹으라고 인심을 썼다. 그러자 정말이냐고 몇 번을 다짐하더니 그는 손으로 감을 잡고 따려고 했지만 헛수고였다. 그때서야 자기가 속은 것을 알고 얼굴이 발개졌다. 그때부터 그 교장의 별명이 '감교장'이 되었다. 실물을 보고도 진품인지 모조품인지 구분도 못하고, 손으로 만져보아야 구분할 줄 아는 눈뜬 봉사라는 뜻이었다.

자색과 노란색의 두 가지 꽃이 피어 있는 꽃창포를 보았을 때, 두 가지 꽃이 함께 달린 꽃창포를 간절히 바라는 사람의 작품이었는지, 아니면 꽃을 잘 모르는 사람들을 속이기 위한 장난이었는지 가늠할 수 없었지만, 오늘은 내가 그 꽃창포를 보고 감교장이 되었으니 나는 실소를 금할 수 없었다.

꽃은 씨앗을 생산하기 위한 식물체의 일부이다. 스스로 꽃가루받이를 할 수 없는 식물은 꽃을 피우고 꿀과 향기로 매체를 유인

한다. 그 향기 때문에 사람들은 꽃을 좋아한다. 그리고 사람들은 불쾌한 냄새를 제거하기 위해서도 꽃을 사용한다. 상가(喪家)에서 사용하는 그 꽃이 조화(弔花)이다.

장례예식장 입구에는 출입구를 찾기 어려울 정도로 키가 큰 조화들이 근조(謹弔)라고 쓰인 띠를 두른 채 빽빽이 서 있다. 활동하는 자식들이 많을수록 조화 수가 많다. 그 조화는 자식들의 직업이나 활동상을 과시하기 위한 수단으로도 활용되고 있다.

전에는 조화를 모두 장지까지 운반했다. 그 중에 몇 개를 골라 묘지에 세워놓고 나머지는 소각했다. 그러나 세워놓은 조화가 시들거나 바람에 넘어지면 흉물이 되었다. 그래서 지금은 꽃바구니 외에는 조화를 장지까지 운반하는 일이 거의 없다. 또 출상이 끝나자마자 화원에서 모두 수거해간다. 생화와 조화(造花)가 섞여 있어서 재활용되기 때문이다.

요즘은 조화(造花) 기술이 정교해져서 실물을 만져보기 전에는 조화인지 생화인지 구분할 수 없을 정도다. 나도 오늘 상가에서 그 이야기를 듣고 처음에는 그럴 리가 없다고 우겼지만, 실제로 손으로 만져보고서야 그 사실을 알았다. 화원을 운영하는 사람들이 고객을 감교장으로 취급하는 소이이다.

그런데 문제가 또 하나 있다. 꽃집에 가보면 꽃을 조화용과 경축 화환용으로 구분해 놓은 곳은 하나도 없다. 모든 꽃이 조화용으로도 그리고 또 경축 화환용으로도 사용된다. 따라서 수거된 조화(弔花)는 경축 화환으로 재활용되어 결혼식장이나 기념식장으로 배달될 수도 있다.

반대로 결혼식장이나 기념식장에서 많은 하객들로부터 박수를 받은 꽃이 재활용되어 장례식장으로 보내진다. '근조(謹弔)'와 '경축'이라고 쓰인 리본만 바꿔달고 결혼식장과 기념식장 그리고 장례식장을 마구 돌아다닌다. 그런 사실을 알 리 없는 혼주나 주최자는 찾아온 조화와 경축 화환을 감지덕지하며 환영한다. 꽃값을 지불하는 사람도 꽃을 확인하지 않는다. 혼주와 주최자 그리고 상주 모두 감교장이 될 수밖에 없다.

오늘 전주천변에서 만난 꽃창포는, 누구나 감교장이 되지 않기 위해서는, 눈앞의 사물을 일일이 손으로 만져보지 않고도 진품인지 모조품인지 식별할 수 있는 혜안이 필요하다는 것을 시사해주고 있었다.

- (문맥 51호)

나목(裸木)의 실체

계사년 1월 초순 어느 날이었다.

새해 첫날부터 내린 폭설과 한파로 도로가 빙판이 되어 바깥출입이 불편했지만, 모처럼 맑게 비치는 따스한 햇살이 아까워 집 안에만 죽치고 앉아있을 수 없었다. 나는 두툼한 방한복 차림으로 완전무장을 하고 집 근처에 있는 화산공원으로 향했다. 양 발에 찬 아이젠 때문에 걸음발은 뒤뚱뒤뚱하고 불편했지만 미끄러움은 덜했다. 한 손에 든 지팡이의 힘도 컸다.

첫 번째 팔각정에 이르러 갑갑한 마스크를 벗고, 지팡이 때문에 힘들었던 어깨를 한 손으로 주무르며 숨고르기를 하고 있을 때였다. 동편 비탈에서 품평회를 열고 있는 양, 하늘을 찌를 듯이 반듯반듯 서 있는 낙엽송들이 눈에 띄었다. 장대 같이 길고 매끈매끈한 모습은 마치 늠름한 전방부대 장병들이 하얀 눈 위에서 윗도리를 벗고 극기 훈련을 위한 열병을 하고 있다고 착각하기에 충분했다.

하지만 몇 십 년 만에 찾아온 강추위인데도 바보들처럼 발가벗은 채 허기진 몸으로 모진 바람을 맞으며 오들오들 떨고 서 있는 모습이 안쓰러워, 요즘 아이들 문자로 따끈한 라면 국물이라도 마시라고 했더니 뭘 모르면 입이나 다물라고 호통이었다. 자기들은 다이어트 중이란다.

나무들은 가지마다 하얀 눈 뭉치를 들고 열심히 들여다보고 서 있었다. 잡스의 강의를 듣기 위한 스마트폰 같았다. 나는 방해가 되지 않도록 조용히 가던 길을 재촉했다.

미혼모의 아들로 태어나 입양아로 자란 잡스의 삶은 상상을 초월할 정도로 극적이었고 도전과 실패의 연속이었다. 그런데 대학을 중퇴한 그가 미국 스탠포드대학교 졸업식에 초대되어 대학생들 앞에서 한 강연이 많은 사람들에게 회자되고 있었다. 그 중 세 번째 주제인 죽음에 대한 것이 유명했다.

"만일 오늘이 내 인생의 마지막 날이라면 오늘 내가 하려고 하는 일을 할 수 있을 것인가?"

이는 잡스가 33년 동안 매일 아침 거울 속을 들여다보면서 자문한 말이었다. 열일곱 살 되던 해에 읽었던 '하루하루가 자기 생의 마지막 날인 것처럼 살면 언젠가는 바른 사람이 될 것이다.'라는 글을 기억해서였다. 마르크스 아우렐리우스를 기억하게 하는 내용이었다.

여러 날 계속해서 부정의 답이 나올 때마다 잡스는 새로운 변화가 필요하다는 사실을 깨달았다. 잡스에게 죽음에 대한 기억은 인생의 변화를 추구하기 위한 중요한 도구가 되었다.

어느 날 잡스는 불치의 췌장암 진단을 받았다. 췌장이 무엇인지도 몰랐지만, 3~6월밖에 살 수 없다는 사형선고였다. 주치의는 집으로 돌아가 신변을 정리하고 죽음을 맞이할 준비를 하라고 통보했다. 잡스가 죽음의 문턱에 가장 가까이 간 시간이었다.

잡스가 시한부 인생을 살아가고 있던 어느 날이었다. 조직검사 결과 수술로 치료가 가능한 희귀한 암으로 판명되어 수술을 받고 완쾌되었다. 그때 그는 죽음이란 두려운 것임을 깨달았고, 앞으로 몇 십 년 동안은 죽지 않기를 바랐다. 그리고 천당에 예약을 해놓은 사람조차도 죽기를 원하는 사람이 없다는 사실도 깨달았다. 하지만 죽음은 피할 수 없는 숙명이어서 오늘을 살아가는 신세대도 곧 구세대가 되어 사라져 갈 것이라고 말했다. 죽음은 인간이 극복할 수 없는 한계 상황이기 때문이었다.

시간은 한정되어 있는데 타인과 똑같은 방법으로 살아가는 것은 창의력이 없는 모방이나 답습에 불과하며 시간 낭비라고 생각했다. 자신의 생각과 영감은 자신이 지향하고자 하는 바를 알고 있기 때문에 자신의 내면의 생각과 영감을 따를 수 있는 용기를 가지고 창의적인 삶을 살아야 한다고 강조했다. 마음을 비우고(Stay Naked), 열정으로 먹이를 탐색하는 포식자처럼 항상 허기를 느끼며(Stay Hungry), 오직 자신의 일에만 전념하는 어리석은 사람이 되라(Stay Foolish)고 말하면서 잡스는 강의를 마쳤다.

내가 한 시간 가량의 산책을 마치고 다시 그 팔각정에 되돌아왔을 때, 산비탈에 서 있던 나목들은 실망한 듯 손에 들고 있던 하얀 스마트폰도 땅에 떨어뜨린 채, 맨손으로 맑은 하늘만 우두커니 쳐다보고 서 있었다. 이미 자기들은 태생적으로 실천하고 있는 내용뿐이어서 잔뜩 기대했던 잡스의 강의에 실망했단다. 그러면서 잡스가 자기들을 보고 깨달았음에 틀림없다고 귀띔해 주었다.

사람들 눈에 죽은 것처럼 보이는 나목은 결코 죽지 않았다. 모든 것을 버렸기 때문에 끈질기게 버티고 서 있을 수 있었다. 매서운 칼바람과 눈보라 속에서도 끄떡없이, 몸 풀 때를 기다리고 있는 임산부처럼, 소중한 생명과 부풀은 꿈을 안고, 그 꿈을 실현할 날이 오기만을 기다리고 있을 뿐이었다. 나목의 실체는 대기만성의 원대한 꿈을 실현하기 위한 기다림이었다.

- (문학사랑 104호)

매화는 매환데

어렸을 적 내가 살던 고향은 사십여 가구가 옹기종기 모여 사는 작은 산골마을이었다. 동 · 남 · 서 3면이 산으로 둘러싸여 있어서 마을 앞에 이르러서야 마을의 모습을 눈으로 볼 수 있었다. 마을이 오목한 시루 모양이어서 증산리(甑山里)라고 불렀다. 게다가 북쪽으로 마을 앞에 펼쳐진, 그리 넓지 않은 들판 너머로 또 산이 길게 벋어 있어서 전형적인 산중이었다.

집집마다 마당이 있었지만, 대부분 좁아서 가을걷이가 끝나면 볏가리와 짚더미가 차지하여 여유 공간이 없었다. 그래서 마당이 넓은 우리 집은 항상 동네 아이들의 놀이터가 되었고, 명절이면 마을 청년들의 배구경기장이 되었다.

우리집 마당의 남쪽으로는 상당히 넓은 화단이 있었다. 거기에는 난초, 봉선화, 상사화, 국화, 과꽃, 해바라기, 코스모스 등 화초가 많았고, 철쭉, 포도나무, 무궁화, 그리고 작은 매화나무도 있었다. 그 중에서도 봄이 되면 가지가 휘어지도록 연분홍 꽃을 달고 있는 매화나무가 정말 일품이었다.

도시로 유학한 고등학교 1학년 때였다. 동양화가이신 미술 선생님으로부터 사군자에 대한 수업을 받고, 나는 고민에 빠졌었다. 작품 속의 난과 매화가 우리 집 화단에서 보았던 그것들과는 너무 차이가 있었기 때문이었다. 그러나 나는 심미감이 부족한 탓으로만 생각하고, 별로 신경을 쓰지 않았다. 화가들이 멋을 부리기 위해서 그렇게 그렸을 것이라고 상상했다.

따스한 봄이 되어 학교 화단에 있는 여러 가지 꽃들이 만개했을 때였다. 그 중에는 어렸을 적에 우리 집 화단에서 보았던 매화나무가 흐드러지게 꽃을 피우고 있었다. 화단을 정리하는 아저씨에게 나무의 이름을 묻고, 나는 쾌재를 불렀다. 내가 매화나무를 제대로 알고 있었기 때문이었다.

하지만 그 옆에 노란꽃을 피운 나무의 이름을 묻고, 나는 또 헷갈렸다, 그것도 매화나무라는 말을 들었기 때문이었다. 그때부터 매화나무는 여러 종류가 있다는 것을 알았지만, 나는 확인하려고 노력하지도 않고, 그냥 매화는 매환데라고 생각하고 있었다.

내가 성인이 되었을 때였다. 초여름 어느날 아내는 탱글탱글한 푸른 열매를 사왔다. 매실이었다. 친구집에서 마신 매실주의 맛이 좋았다는 내 말을 듣고, 술을 담그기 위해서였다. 그때 나는 매실을 처음으로 보았지만, 그것이 매화나무의 열매라는 것을 상상도 못했다. 어렸을 때 우리 집 화단에서 보았던 매화나무의 열매와는 분명히 차이가 있었기 때문이었다.

내가 매화를 확실히 식별할 수 있게 된 것은 매실의 고장에 있는 모 고등학교에서 근무할 때였다. 3월에 출퇴근하면서 여기저기 길가에 하얗게 핀 매화를 볼 수 있었지만, 하도 많이 피어 있어서 귀한 꽃이라는 생각이 들지 않았다.

그런데 날씨가 따뜻한 어느 날 오후였다. 점심식사를 마치고, 교사 정면에 있는 화단에서 몇몇 선생님들과 담소를 나누고 있을 때, 분재처럼 전지가 잘 된, 키가 작은 매화나무를 보고, 나는 깜짝 놀랐다. 하얀 꽃을 달고 있는 그 모습이 동양화에서 보았던 모습 그대로였다. 내가 어렸을 때 우리 집 화단에서 본 매화가 아니었다.

어렸을 때부터 매화라고 알고 있었던 것은 봄에 연분홍 꽃이 피는 옥매(玉梅)였고, 노랑꽃을 피우는 매화는 황매였다. 또 나무는 비슷하지만 꽃이 겹으로 피는 것은 죽도화였다. 그리고 학교 전정에서 본, 동양화에 자주 등장하는 매화는 매실나무의 꽃이요, 그 열매가 매실이라는 것을 그때 확실히 알았다. 나무만 보아도 식별할 수 있었다. 백매 옥매 죽도화는 키가 작은 관목이었지만, 매실나무는 그것들보다 키가 큰 소교목이었다.

그 매화는 품성이 고귀하여 군자의 반열에 올라 있었지만, 나는 오랫동안 이런 사실을 모르고 있었다. 어처구니없게도, 나는 눈으로 직접 본 것 이외는 알지 못하는 우물안의 개구리였다. 그리고 우리 집 화단에서 보았던 난초도 사군자에 속하는 난(蘭)이 아니라 원추리였다.

나무에도 반상(班常)이 있다는 것을 그 때 알았다. 동양화 속의 매화는 평생 추위 속에 살아도 향기를 팔지 않는다고 하여 정절을 상징하고, 그 고고한 품성 때문에 군자의 반열에 올라 있었다. 또 이른 봄 제일 먼저 꽃소식을 전해준다 하여 봄의 전령사라고도 불리고, 많은 시인·묵객들의 사랑을 받고 있었다. 오늘 날 그 열매인 매실은 건강식품으로 더 많은 각광을 받고 있었다.

그러나 옥매나 황매화나무는 쥐똥나무와 함께 도시의 큰 도로변에 집단으로 식재되어 차도와 인도를 구분해주는 경계목이 되고, 또 아파트단지의 울타리 역할로 전락되어 있다.

올 겨울은 유난히도 추웠다. 하지만 중무장한 동장군도, 남쪽에서 밀고 올라오는 부드러운 봄바람에는 더 이상 버티지 못하고, 손을 들고 달아날 차비를 하고 있다. 빨리 동장군을 퇴치하고 반가운 화신(花信)을 전해주기를 화신(花神)께 기도하는 것은 매화에 대한 나의 금석지감(今昔之感) 때문이다,

하지만 따뜻한 봄이 되어 화사한 자태를 자랑하는 옥매의 연분홍 꽃과 황매화의 노란꽃을 보면, 나는 지금도 '매화는 매환데' 라고 생각한다.

나의 사대부고 후일담

고교졸업30주년 기념 축사

1980년 3월 2일, 나는 전북대학교 사범대학부설고등학교(이하 '사대부고'라고 함)에 교사로 부임했다. 이때 내 나이 40세 불혹이었다. 부임하기 전에 교무실에 들러 교감선생님에게 인사했더니, 교감선생님은 나에게 1학년 담임을 맡아야 한다고 말했다. 부임 첫날이니 묵묵히 듣고만 있을 수밖에.

교감선생님은 내가 담당해야 할 학급에 대해 나에게 설명해주었다. 전주시내고교평준화 2기였던 신입생 중, 사대부고로 배정된 남 · 여 3학급씩 6학급의 학생들을 입학식 전에 소집하여, 반편성과 번호를 정한 뒤 학력평가를 실시했는데, 그때 두 학생이 크게 싸웠다. 그들이 같은 반에 편성되어서 선생들이 골치 아프다고 담임을 회피하니 새로 부임한 내가 맡아야 한다고 했다.

그 학교 선생님 중에는 나와 고등학교 동기동창이 몇 명 있었다. 그래서 부임하기 전부터 내가 축구선수 출신이었다는 사실이 이 학교 선생님들에게 알려졌다. 실제로 그때 나는 전라북도 축구협회 전무이사를 겸하고 있었다. 학교에서는 운동선수 경력이 있는 내가 담임을 하면 학급을 무난히 이끌어 나갈 수 있을 거라 판단하고 나를 담임으로 정한 것이었다. 나는 신임이었으니 거절할 수도 없는 일이 아닌가.

내가 1학년 4반 담임이 되어 출석부를 보니, 교감선생님이 알려준 두 학생의 이름이 있었다. 38번 최재열, 39번 김성용이었다. 나는 그때부터 남학생 세 반 학생들의 영어를 전담하며 3년간 담임도 했다. 같은 해에 나는 전입교사로, 학생들은 신입생으로 함께 만나 3년간 생활했으며, 3분의 2학생들을 내가 담임한 셈이었다. 이렇게 해서 나는 4회 졸업생과 연을 맺었다.

나는 이 글을 쓰면서 익명으로 할까 하고 생각했다. 그러나 졸업한 지 30여년이 되어, 하늘의 뜻을 안다는 지천명(知天命)의 나이가 되었으니, 지난날은 모두 좋은 추억거리가 되리라고 생각되어 실명으로 했다.

수업 중에 있었던 일이었다. 수업분위기를 환기시키려고 갑자기 학생들을 모두 일어서게 했다. 그런데 한 학생이 앉아 있었다. 왜 일어서지 않느냐고 했더니 일어서 있다고 말했다. 송주훈 학생이었다. 송주훈 학생은 키가 작은 왜인이었다. 지금처럼 책상을 키에 맞게 소설할 수도 없었다. 두 발을 책상 옆에 있는 막대에 올려놓고 앉아 있는 폼이 제법 의젓했다. 시간이 흐를수록 지체장애자라는 의식이 없이 제법 쾌활한 편이라는 사실도 알았다.

1학년 초 생활기록부를 작성할 때였다. 입학 전에 제출한 고등학교입학원서, 중학교생활기록부사본, 그리고 주민등록초본을 근거로 기본 인적사항을 기록하고 있을 때였다. 학생들이 제출한 세 가지 서류 중에 생년월일이 다 틀린 학생이 있었다. 김학구와 한광일이었다. 어느 것이 진짜인지 알 수 없어 호적초본을 제출토록 했다. 그런데 광일이는 원대에 다니는 자기 형 초본을 가져왔고, 학구는 자기가 틀림없이 잘 안다고 버티며 제출하지 않았다.

한번 생활기록부에 기록된 사항은 정정하기가 까다로웠다. 사유서를 제출하고 사전에 학교장의 결재를 받아, 사유서를 기록부에 첨부하고 정정하여, 낱낱이 직인을 찍어야 하는 번거로움 때문이었다. 하는 수 없이 본인들의 의견을 존중하고 자신 있게 말하는 것을 골라 작성하여 결재를 받을 수밖에.

얼마 후 조회시간에 학구가 나오더니 큰일이 났단다. 무슨 큰일이냐고 물었더니 영장이 나왔다고 했다. 징병검사 받으라는 통지서였다. 나이가 되지 않았는데 무슨 말이냐고 했더니, 그때서야 자기가 자기 생년월일을 잘못 알았다고 고백했다. 나는 생활기록부를 정정할 수밖에 없었다.

광일이는 더 엄청난 사건이 벌어졌다. 경찰대에 합격한 후 제출한 신원조회 서류와 학교 생활기록부의 생년월일이 틀리기 때문에 동명이인이 되어 복잡하다는 것이었다. 호적초본을 첨부하고 결재를 받아 정정하고 동일인임을 확인하여 대학에 보냈지만 나는 학교에서 생활기록부도 제대로 작성하지 못하는 무능교사가 되었었다.

1980년 10월 8일부터 13일까지 전주에서 전국체전이 열렸다. 그때 신입생이었던 4회 졸업생들이 중앙여중 체조선수들과 함께 매일 오후에 운동장에서 메스게임 연습을 했다. 참가하지 않은 몇몇 학생들은 교실에서 잔류하여 자율학습을 하며 시간을 보냈다. 그때 김근식 등 몇몇 학생들이 갑자기 현관 출입구로 끌려왔다. 교실에서 무심코 욕설을 하다가 순찰 중이던 교장 선생님한테 걸려 벌을 받고 있었다. 누가 욕설을 했는지 몰라 함께 있던 많은 학생들이 다 끌려왔었다. 그때 근식이는 개그맨도 아니면서 머리를 빡빡 깎아 별명이 개마빡이었다. 마빡이로는 원조마빡이었다. 교장 선생님한테 사과하고 잘 지도하겠다고 약속을 하고 풀려난 사건도 재미있었던 에피소드였다.

점심시간에 교실은 난장판이었다. 조용히 자기 자리에 앉아서 도시락을 먹는 학생도 있었지만, 대게 자기 반찬은 빨리 치우고 남의 반찬을 빼앗아 먹으려고 서서 난리였다. 그러나 손을 대서는 안 되는 학생이 있었다. 김태국이었다. 태국이의 반찬은 치외법권에 해당됐다. 태국이는 돼지고기와 김 아니면 식사를 못했다. 김치를 먹으면 토했단다. 제법 인간미 넘치는 행동이었지만, 태국이에게는 아량을 베풀어 주었다. 수학여행을 갈 때도 태국이는 반찬을 한 짐씩 들고 다녔다.

교사 동편은 여학생, 서편은 남학생 교실이었다. 남·여 공학의 특성을 살리기 위해 혼반을 편성하자는 논의도 있었으나, 남·여 공학만으로도 남학생들은 여성화되고 여학생들은 남성화되는데, 혼반을 하면 더 심화되어 남학생들이 기가 죽으니 안 된다고 교장 선생님이 적극적으로 반대했다. 실제로 여학생들은 남학생 교실 복도를 혼자서 걸어 다니는데 남학생들은 여학생교실 복도를 걷는 학생이 없었다. 또 잘못을 저지른 남학생들을 여학생교실 복도에 세워놓겠다고 말하면 질겁하고 손발이 닳게 빌었다. 그런데 김종만이는 예외였다. 농담 삼아 여학생교실에 다녀오라고 하면 좋다고 일어나 다녀왔을 뿐만 아니라, 여학생들 속에 끼어 열심히 배구도 했다. 종만이의 비위는 그때 단연 최고였다.

그놈의 고무신은 지금도 신고 다니는지 모르겠다.

1년간 눈에 띄지 않고 조용히 지냈던 재열이가 2학년 수학여행 무렵 사고를 쳐, 고창고로 전학했다가 다시 사대부고로 전입학 한 사건도 특종 중 특종이었다. 그때 1학년 학생들에게 함께 달려들어 한번 해보라고 말했더니, 자기들은 게임도 안 된다고 고개를 흔들며 꼬리를 내리고 있었다.

3년 동안 제일 큰 사고는 야구방망이 사건이었다. 1982년도에 프로야구가 출범하였으니 3학년 때였다. 담임선생님들이 주말에 야유회를 갔을 때 일어난 사고였다. 야구 게임을 하면서 태국이가 치고 달리면서 던진 방망이가 하필 광원이의 입에 맞아 앞니가 빠졌었다. 광원이는 병신이 되었다면서 우울증 증세까지 보여 한때 심각했었다. 이관재 쌍둥이 사건도 재미있는 에피소드였다. 여름방학 보충수업을 할 때 관재는 결석을 하고, 대신 전고에 다니던 쌍둥이가 수업을 받은 사건이었다. 나도 몰랐는데 나중에 백종연이가 귀띔해 주어서 알았다.

서학동 4인방 사건도 빼놓을 수 없었다. 유남희, 이명환, 이창현 그리고 김기복이었다. 이들은 어느 일요일에 운암으로 낚시를 갔다가 기복이 아버지한테 들통이 나, 3학년이 공부는 안 하고 한가히 낚시나 다닌다고 호되게 야단을 맞은 사건이었다.

대입 내신 때문에 생긴 소동도 있었다. 문과는 1반이어서 내신 1등급 학생이 1명뿐이기 때문에 불안한 학생들이 전학하려는 소동이 벌어졌다. 학구는 검정고시를 보겠다고 기어코 자퇴를 했고, 김제고로 전학을 가겠다고 우기던 안지문은 겨우 진정되어 졸업 후 자기가 원하는 대학에 진학했다.

박영진군과 정인우의 관계도 흔치 않았다. 마음이 여린 인우가 그럴 리 없을 텐데, 무뚝뚝한 영진이는 생질인 인우가 자기보다 공부를 잘한다고 삼촌을 무시하며 말을 잘 듣지 않는다고 가끔 불평했다. 그런데 졸업을 한 후로는 삼촌 말을 잘 듣는다나.

미래 콩나물공장 사장 윤대관의 이야기도 빼놓을 수 없었다. 콩나물을 배달하느라 항상 바쁘면서도 피곤한 기색도 없이 열심히 결석하지 않고 학교에 다녔다. 다른 학생 같으면 창피함을 느낄 수도 있을 나이였는데, 전혀 그런 기색이 없이 항상 웃으며, 자기는 장차 콩나물공장 사장이 되겠다고 자신 있게 말했었다.

교장은 교장대로 선생들에게 안달이었다. 고교평준화 1기였던 3회 졸업생 중에는 대입예비고사에서 300점 이상이 한 명도 없었기 때문에 체면이 말이 아니었다면서, 300점 이상을 한 명이라도 배출해야 한다고 들볶았다. 3학년 6반에서만 300점 이상이 10명이나 나오고 상상 외로 성적이 좋아서 소원을 풀었다고 했다. 10~12학급씩 되는 전주시내 어느 고등학교보다도 더 좋은 성적을 거두었다. 4회 졸업생들은 지금까지도 사대부고의 꽃이었다.

1995년 내가 도교육청 장학사로 근무하고 있을 때 갑자기(사실은 과음으로) 십이장천공으로 대학병원에 입원했었다. 그때 이관재가 직접 내 수술을 도와주었다. 또 내가 한별고등학교 교장으로 근무할 때 허승연이와 함께 근무했다. 모두 3년간 맺은 인연의 덕이었다. 그리고 부담임 역할을 열심이 한 백종연, 정길량, 김영에게도 항상 감사한다.

3년 동안의 여러 가지 추억들을 더듬으며 되새기는 기회를 가지게 되어 정말 한없이 행복하고 기쁘다. 생전에 다시는 오지 않을 기회이기에 더 소중하게 간직하고 싶다. 진심으로 모두의 건강을 기원한다.

- 3학년 6반 담임 이희근

소나무가 흘린 피눈물

집 근처 화산공원 초입에 있는 화산서원비 뒤에는 소나무가 삼십여 그루 서 있다. 소나무 뿌리들이 만든 울퉁불퉁한 산책로는 걷기에는 불편하지만, 불거져 나온 뿌리들 때문에 눈이나 비가 오더라도 미끄러지거나 심하게 씻겨나가는 일이 없어서 좋다.

소나무 위쪽에는 부부의 것으로 보이는 두 기의 묘가 나란히 있고, 바로 옆에 두 기, 그리고 그 밑으로도 두 기가 있어, 누가 보더라도 가족 묘지임을 알 수 있다. 그런데 잘 조성된 묘지 잔디가 가끔 산책객들의 발길에 훼손되어 가족들을 화나게 하고 있다.

묘지 옆 산책로는 경사도 심하고, 계곡처럼 깊이 파여 있다. 큰 비가 오면 수로 역할을 하여 길이 더 깊이 파인다. 구청직원과 봉사자의 힘으로 훼손된 계단식 길은 다시 복구되지만 사람들은 그 길로 다니기를 꺼린다. 눈이 오는 겨울철엔 더욱 그렇다. 자연히 잔디를 밟을 수밖에.

이따금 가족들은 잔디를 보호하기 위해 길고 큰 통나무나 새끼줄로 경계를 세워 행인들의 발길을 막아보려 하지만 쉽지 않다. 금방 치워져버리고 묘지 가운데로 새 길이 난다.

공원에서 뿐만 아니었다. 야산의 등산로 부근에 있는 묘지들도 똑같은 수난을 당하고 있는 것을 나는 보았다. 반듯한 등산로가 있지만, 다니기 좋고 가까운 지름길을 택하려는 사람들에겐 소용없었다. 철조망으로 길을 봉쇄하는 경우도 있었지만 등산객들은 곧바로 그것도 치워버리고, 통행을 방해한다고 불평을 하며 주인을 욕했다. 묘지를 조성할 때 고려되어야 할 문제였다.

사람들의 발길만이 묘지를 훼손하는 것이 아니다. 큰 나무가 만드는 그늘 때문에 잔디나 풀이 제대로 버틸 수 없다. 자연히 부근에 있는 큰 나무도 경계 대상이다. 큰 나무의 덕은 볼 수 없다는 속담도 있지 않은가.

묘지 주인에게는 묘지 바로 밑에 있는 큰 소나무가 골칫거리였다. 그렇다고 공원의 나무를 공공연히 잘라낼 수도 없어 고민하다가, 겨울에 문제의 두 소나무 밑동 껍질을 남몰래 둥그렇게 베껴 버렸다. 소나무가 죽자 눈을 감고 베어내 버렸다.

그런데 베어진 두 나무 바로 옆에는 못난 놈이 하나 서 있었다. 다른 나무와는 달리 제대로 하늘 높이 곧게 솟아오르지 못하고, 묘지와는 반대 방향으로 비스듬히 낮게 누워 있었다. 묘지에 아무런 영향을 주지 않기 때문에 운 좋게도 지금까지 자리를 지키고 있었다.

하지만 나무라고 자기 뜻대로 살아갈 수는 없는 법. 어느 날 불어온 강한 태풍이 그 못난 소나무를 덮쳤다. 안간힘을 다해도 소용없었다. 뿌리 채 뽑히는 수모는 면했지만, 밑동 부분 한쪽 뿌리가 땅 밖으로 불거져 나올 정도로 심한 피해를 입었다. 그래서 전보다 땅바닥에 더 누워있는 신세가 되었다. 산책을 할 때마다 사람들은 그 나무를 피하거나 신경을 써야 했다.

어느 날, 내가 산책을 마치고 그 소나무 밑에 이르렀을 때였다. 나무가 전보다 더 쓰러져 있다는 사실을 깜박하고, 평상시처럼 무심코 걷다가 밑으로 쳐진 가지와 박치기를 했다. 모자 덕으로 큰 상처는 입지 않았지만 상당히 아팠다. 그래서 그 가지를 잘라내야겠다고 다짐했으나 마음뿐이었다. 그곳에 도착해서야 생각나곤 했다.

상당한 시간이 지난 어느 날, 나는 등산화를 신다가 그 소나무가 생각나서 휴대용 톱을 들고 나섰다. 이미 삭정이가 되어 있었던, 밑으로 뻗은 가지를 잘라내자 나무 밑이 훤해져 통행하기가 좋아졌다. 그런데 바로 그 위에 우듬지가 끊어져나간 등걸이 하나 달려 있었다. 나는 위험하다고 생각되어 그것도 보기 좋게 잘라냈다.

며칠 후 그 소나무 옆에 갔을 때였다. 내가 잘라낸 두 번째 가지의 생채기 끝에 물방울이 몇 개 매달려 있었다. 아침햇살에 이슬방울처럼 영롱하게 빛났다. 송진 방울이었다. 잘려나간 면에도 송진이 묻어 있었다.

송진은 소나무가 상처를 당했을 때 스스로 내는 담황색 치료용 수지(樹脂)다. 송진이 묻어 있는 자리는 일종의 상흔이다. 나는 어렸을 때 관솔가지로 화로에서 불을 댕긴 경험이 있어 송진을 잘 알고 있다.

우듬지가 끊어져 나가고 이파리가 붙어 있지 않은 소나무 가지에는 결코 새 이파리가 돋아나지 않는다. 자연히 죽은 것처럼 보인다. 내가 잘라낸 두 번째 가지 등걸도 그랬다. 그래서 나는 그것을 삭정이로 오인했다.

하지만 내가 잘라낼 때 그 가지는 아직 생명이 붙어 있었다. 아파서 온몸을 찢으며 눈물을 흘리고 있었다. 내 실수로 흘리는 눈물이었는데 나는 그것도 모르고 영롱한 이슬방울로 착각하고 있었다. 소나무가 흘리는 눈물은 자기중심적 사고의 산물인 나의 실수 때문에 흘리는 피눈물이었다.

누군가의 배려로 더 이상 쓰러지지 않도록 큰 작대기로 받쳐져 있는 그 소나무는 아직도 그 피눈물 방울을 매달고 있다.

- (전북문단 70호)

이색 체험

금년 여름은 유난히도 더웠다. 긴 가뭄에다가 열대야현상으로 밤마다 잠을 설쳤다. 많은 사람들은 마지못해 태풍이라도 불어오기를 바랐다. 그런데 찾아온 태풍은 쌍둥이태풍이었다. 무서운 바람이 전국을 휩쓸어 많은 지역을 쑥대밭으로 만들었다. 그러자 태풍에 대해 불평하는 소리가 사방에서 들려왔다.

태풍의 여진이 채 가시기도 전에 찾아온 가을장마로 사람들은 힘들어했다. 그리고 11월 중순인데도 때가 아닌 강풍으로 강원도 일부지역에선 담장이 무너지고 난리였다. 전혀 예상하지 못한 현상이 일어날 때마다 사용하던 '기상이변'이란 말 대신에 '기후변화'라는 말이 실감되었다. 그리고 기후변화로 인해 생태계에 일어난, 흔히 볼 수 없는 여러 가지 현상 때문에 이색 정취도 체험할 수 있었다.

고구마는 아메리카대륙 열대지역, 토란은 열대아시아, 행운목은 아프리카 열대지역이 원산지였다. 이들 외래 식물들은 추운 환경에 적응하느라고 개화본능을 상실하여 꽃을 피우지도 못했다. 그런데 갑자기 계속되는 더운 날씨를 아열대성 기후로 착각하고 꽃을 피웠다. 잃었던 정체성을 회복하고 꽃망울을 터뜨리며 지르는 환희의 함성은 쉽게 접할 수 없는 이색체험이었다.

금년 가을에는 여름철 찜통더위와 가뭄 그리고 적당한 강우량으로 가장 화려한 단풍을 즐길 수 있으리라는 예고였다. 그런데 늦은 추석 때문에 계절감각을 상실한 탓인지 망설이다가 단풍 시기를 놓쳤다. 나는 아쉬움을 달래려고 11월 중순에 친구들과 함께 내장산둘레길을 찾았다. 때늦은 단풍의 여운을 즐길 수도 있을 거라는 기대감에서였다.

둘레길은 경사도 심하지 않았지만, 발에 느껴지는 흙의 부드러운 촉감이 좋았다. 만산홍엽의 계절이니 이파리들이 빨갛고 노랗게 변해 있었지만, 성질이 급한 나무는 벌써 발가벗고 서 있었다. 일행은 채 떨어지지 않고 나뭇가지에 매달린 단풍들의 환영을 받으며 늦가을 정취를 만끽했다. 군데군데 설치된 전망대 앞에 펼쳐진 탁 트인 경치도 시원했지만, 태풍으로 뿌리 채 뽑혀 여기저기 나뒹굴고 있는 나무들의 신음소리도 메아리쳐 들려왔다.

처음 걷는 길이라 갈 때는 주위를 둘러보기에 급급했었는데, 돌아오는 길에는 멀리서 파란 옷을 입고 버티고 서 있는 특이한 나무도 눈에 띄었다. 이미 나목이 되어 있어야 할 아까시나무였다. 가지가 잘리고 찢어진 태풍의 상흔을 가지고 있었지만, 이상하리만큼 새파란 옷을 입고 서 있었다. 강한 태풍에도 살아남았다는 안도의 숨소리가 들려오는 것 같았다.

친구들에게 그 나무를 가리키며 잘 살펴보라고 했지만 아무 것도 발견하지 못한 눈치였다. 그래서 그 나무가 싱싱한 이파리를 달고 있는 이유를 내 나름대로 설명해주었더니 그때에야 비로소 아까시나무가 이상함을 알아냈다.

늦여름에 불어온 심한 태풍으로 많은 나무들의 이파리가 수분을 빼앗기고 말라버렸다. 고사 상태에 처한 나무는 안간힘을 다하여 몸을 찢고 새 이파리를 내밀었다. 살기 위한 고육책이었지만, 늦가을에 보기 드문 싱싱한 이파리를 달고 있는 이유였다. 그리고 그 파랗고 싱싱한 이파리들 때문에 나무는 계절감각을 잃고 꽃을 피운 나무도 있었다. 그래서 때가 아닌 벚꽃과 아까시나무 꽃도 구경할 수 있었지만, 그 꽃들이 반갑기는커녕 별 의미도 없고 어딘지 모르게 서글픈 느낌마저 드는 이색체험이었다.

내 말을 듣고 있던 한 친구가 며칠 전 자기 아파트에서 있었던 일을 들려주었다. 오후 늦게 아파트 경내에 들어섰을 때, 틀림없이 주위에 짙은 화장을 한 여인이 있을 거라 생각하고 두리번거렸다. 진동하는 향수 냄새 때문이었다. 하지만 아무도 눈에 띄지 않았다. 고개를 들어 주위에 있는 큰 나무를 쳐다보았다. 별 관심이 없이 매일 지나치던 나무였다. 그런데 늦가을인데도 불구하고 그 나무에는 생뚱맞은 노란 꽃들이 주렁주렁 달려 있지 않은가. 나무 이름도 몰라 답답했지만, 늦은 가을에 그렇게 향기로운 꽃을 피울 거라고는 미처 생각지도 못했다. 이상기후 때문일 거라고만 생각했다.

나무의 생김새를 묻는 내 질문에 그는 큰 나무라고만 했다. 나는 늦가을에 꽃을 피운 걸로 보아 목서일 거라는 생각이 들어서 그 특징을 말해주었다.

목서(木犀)는 물푸레나무과이며 꽃이 등황색인 것은 금목서라 하고 꽃이 황백색인 것은 은목서라 한다. 이파리가 호랑가시나무처럼 두껍고 딱딱하지만 잔 톱니가 있거나 밋밋하고, 잎 끝에 강한 가시가 있고, 뒷면의 색깔이 약간 희부옇게 보인다. 보통 9월이나 10월에 꽃이 피지만, 이상기후 때문에 몸부림치다가 늦게 꽃을 피웠음에 틀림없다.

다음 날 그 친구한테서 전화가 왔다. 내가 알려준 대로 인터넷을 검색하고 목서임을 확인했으며, 내 덕으로 11월 중순에 핀 목서 향기를 만끽할 수 있었다고 좋아했다. 뜻하지 않은 이색체험이었단다.

올 겨울은 다른 해보다 추위도 빨리 오지만 강추위가 심한 겨울이 될 거라는 예보다. 나는 그 추위 덕에 지금까지 맛볼 수 없었던 또 다른 이색체험을 은근히 기대해 본다.

작은 덩굴공원

화산서원비가 있는 공원 초입에서 30분 정도 걸어가면 우신아파트와 롯데아파트로 갈리는 삼거리가 나온다. 바로 그 위에 나의 작은 덩굴공원이 있다. 그곳 우측 길가에 서 있는 키가 큰 이팝나무와 아까시나무 밑에는 콘크리트로 된 벤치가 하나 있고, 북쪽 상수리나무 밑에는 허리 돌리기 운동기구가 하나 설치되어 있다.

그곳은 평지인데 가운데가 깊게 파여 있다. 그 모양이나 크기로 보아 파묘(破墓)한 자리처럼 보이고, 전체의 면적도 한 기의 묘지에 적당하다. 혐오지(嫌惡地)여서 그런지 그곳에 설치된 운동기구를 이용하는 사람도 드물고, 벤치에 앉아 있거나 주위에 서서 쉬는 사람도 뜨음하다. 많은 사람들이 그냥 지나치기 때문에 항상 한석하고 호젓하다.

내가 그곳에 관심을 갖게 된 것은 그곳에서 노박덩굴을 발견한 후부터다. 다른 곳에서는 쉽게 찾아볼 수 없는 노박덩굴 몇 그루가 그곳에서 자생하고 있다. 한 가운데에는, 일부러 심었을 리가 없을 텐데, 키가 2m 정도인 매실나무 한 그루가 왕자처럼 버티고 서 있다.

그 공원 안에는 희한하게도 여러 가지 만족(蔓族)들만 사이좋게 살고 있다. 노박덩굴, 댕댕이덩굴, 꼭두서니, 마, 그리고 며느리밑씻개가 함께 살아가고 있다. 모두 식용이나 약재로 사용될 수 있는 것들이다. 나는 그곳을 덩굴공원이라 부른다. 물론 그 바깥에는 망초, 수크령, 산딸기나무, 쐐기풀, 닭의장풀, 억새풀 그리고 이름 모를 잡초들이 무질서하게 섞여있다.

노박덩굴은 천성이 소박하고 얌전하다. 절대로 남에게 피해를 주지 않는다. 만족이면서도 남을 감거나 더위잡고 오르는 일도 없다. 자기들끼리 감는 경우는 있다. 옆으로 가지를 벋고 자기의 영역을 확장하며 살아간다.

3월이 되어 아직 주위의 나무들이 헐벗고 추위에 떨고 있을 때, 중앙에 위치한 매실나무는 몇 개의 하얀 꽃을 달고 왕자의 위용을 자랑한다. 기세에 눌린 노박덩굴은 이파리를 피울 엄두도 내지 못하고 다소곳하다.

날씨가 풀리고 새잎이 돋아나면 노박덩굴은 살며시 새로운 가지를 위로 올려본다. 그것을 보고 매화나무가 눈을 부라리면 기가 질린 노박덩굴은 가지를 밑으로 내려놓는다. 이때를 놓치지 않고 댕댕이덩굴이 그 가지를 움켜쥐고 올라타 더위잡고 기어오른다.

동작이 둔해 기회를 놓친 꼭두서니가 가만히 있을 리 만무하다. 자기도 올라갈 테니 길을 비키라고 아우성이다. 쉽게 길을 비키려 하지 않는 댕댕이덩굴에게 다가가 자기 몸에 붙은 가시로 위협한다. 그러나 그 정도의 무기를 무서워 할 댕댕이덩굴이 아니다. 댕댕이덩굴의 줄기는 목질에 가깝다.

둘이 한참 옥신각신하며 정신을 잃고 싸우는 동안에 마도 끼어

들어 노박덩굴 사이로 가만히 얼굴을 내민다. 일광욕을 해야 한다며 위로 올라간다. 그 틈을 놓치지 않고 며느리밑씻개도 노박덩굴을 잡고 기어오른다. 모두 올라갈 나무가 없다면 고달픈 삶이 될 텐데 노박덩굴이 구세주다. 이들이 아옹다옹하는 모습을 지켜보고 있던 매화나무도 흐뭇한 미소를 짓는다.

노박덩굴은 만목(蔓木)이다. 비록 위로 뻗지 못하여 모습은 몹시 꾀죄죄하고 궁상스러워 보이지만, 나무로서의 권위와 품위를 유지하고, 만초(蔓草)와의 차별성을 보여주겠다는 듯이 활발히 활동하고 있다. 제법 가지도 많이 치고, 차지하는 면적도 넓다. 그곳에 터를 잡고 살아가는 만초들에게 넓은 공간을 제공해주고 있다.

따스한 5월이 되어 매화나무가 탱글탱글한 열매를 몇 개 달고 있을 무렵이면, 녹색 단장을 한 노박덩굴도 연둣빛 작은 꽃망울을 살짝 터뜨린다. 가을에 노랗게 익은 열매는 기름을 짜는 데 사용된다.

댕댕이덩굴도 6월경에 황백색의 작은 꽃이 피고, 가을에 검게 익는다. 어렸을 때 그 열매를 머루로 알고 따먹다가 놀라서 그냥 뱉은 경험도 있었다. 가을에 들이나 산에 나가 일하는 사람들의 지게에는 반드시 댕댕이덩굴 뭉치가 걸려 있었다. 한가할 때 바구니 등 필요한 용기를 만들기 위해서였다.

산우(山芋) 또는 서여(薯蕷)라고도 불리는 마는 여름철에 푸르스름한 꽃이 핀다. 최근엔 건강식품으로 많이 재배되고 있다. 산간지역으로 관광을 가서 제일 많이 애용하는 것이 마차(茶)다.

여름에 노란 꽃이 피는 꼭두서니는 그 뿌리에서 뽑아 낸 빨간 물감이나 그 빛깔을 나타내는 별칭으로도 사용되지만, 한방에서 그 뿌리는 천근(茜根)이라 하여 약재로 사용된다.

용변 후 부드러운 종이나 풀을 사용하지 못하고, 뻣뻣한 것으로만 사용하다가 죽은 며느리가 시집살이의 한을 품고 태어난 풀이라는 며느리밑씻개는 마디풀과의 일년초다. 이파리의 모양과 몸에 난 가시 때문에 꼭두서니로 오해를 받는다. 7~8월에 담홍색의 작은 꽃이 많이 핀다.

내가 매일 그곳을 찾는 이유는 출신이 다른 만족(蔓族)들이 평화롭게 공생하고 있는 살가운 분위기 때문이다. 이 공원에서는 남을 위해하려거나 개성을 표현하려는 과욕 따위는 찾아볼 수 없다. 양보와 포용만이 존재하는, 작지만 넉넉한 공간이다.

하지만 경계해야 할 대상이 있다. 길가의 사위질빵과 마삭줄이다. 그들도 만족이라며 그곳에서 살기를 원하며 호시탐탐 기회를 넘보고 있다. 그러나 그들은 개성이 강하고 번식력이 왕성하다. 발을 붙이기만 하여도 이내 점령군이 되어버려 그곳의 질서와 평화는 물 건너간다. 내가 그들의 잠입을 경계해야 하는 이유다.

- (석정문학 31집)

잔영(殘影)

모든 생물체에게는 한창때가 있다. 전성기라고도 한다. 한창때가 되면 왕성한 활력을 자랑하고 위세를 펼치며 살아가기 때문에, 누구나 그 한창때의 영광이 항상 자기와 함께하기를 바라지만, 시간이 지나면 점점 세를 잃어 소멸되고 기억에서조차 희미해진다. 아무 쓸모가 없고 빨리 잊어야 할 빈 껍데기 잔영(殘影)이 된다. 잔영은 상처와 비애가 상존하는 현장이다.

나무껍질이 흑갈색이어서 흑송(黑松)이라고도 불리는 곰솔은 바닷가에 분포하기 때문에 해송(海松)이라고도 한다. 그런데 전주시 삼천동에 위치한 곰솔은 천연기념물 제355호이다. 이 곰솔은 조선 초기 전주에 내려와 살기 시작한 인동장씨가 선산에 조경수로 심었다가, 1955년에 그 지역이 공원으로 지정되자, 제각(祭閣)과 묘는 타지로 옮기고, 곰솔만 전주시에 기증했다. 1988년 이 곰솔은 수형(樹型)이 수려하여 천연기념물로 지정되었다.

카메라의 네모진 렌즈에 곰솔의 영상을 담기에는 그 위용이 대단했다. 외줄기로 올라가다가 굵은 가지 열여섯이 수평으로 펼쳐졌다. 마치 한 마리의 학이 날개를 펴며 땅을 차고 하늘로 날아가려는 모습이었다. 어디를 보아도 270년을 살아온 나무 같지 않았다. 잎이 푸르렀고 둥치에 큰 생채기도 없었다. 거북

등 모양으로 갈라진 수피만이 오랜 세월 비바람을 이긴 흔적으로 보였다.

수필가 은옥진씨가 쓴 「바다를 그리워하는 곰솔」이라는 제하의 수필 일부분이다. 은옥진씨는 이 지역 사람들이 나무의 모습 때문에 학송(鶴松)이라고도 부르는 곰솔을 보고, 그 위용과 그 수려한 모습을 이렇게 묘사했다. 이 곰솔은 내륙지방에 있다는 점과 그 수형(樹型)이 특이하여 많은 사람들의 사랑과 주목을 받고 있는 나무였다.

나무는 나이테 나이까지 온가족이 어우러져 춤추는 대단위 무용수가족이다. 어른 무용수가 받침목이 되어 땅 위에 버티고 서 있으면, 어깨와 머리 위로 벋은 기둥을 타고, 나이순으로 올라간 무용수들은 일렁이는 바람을 타고 춤을 춘다. 받침목 무용수가 기둥을 흔들며 격려하면 어린 무용수들은 더 신나게 춤을 춘다. 사람들은 이런 곰솔의 춤을 학춤이라 예찬했다.

그런데 1990년 이 지역이 개발지역으로 지정되면서부터 곰솔에게도 변화의 열풍이 불어왔다. 안행택지개발지역으로 발표되면서부터 곰솔 곁으로 8차선 도로가 개통되고, 주위에는 고층 아파트가 세워졌다. 그러나 천연기념물인 곰솔 때문에 문화재보호구역으로 지정된 부근 일대는 개발이 제한되어 곰솔은 인근 주민들에겐 눈엣가시가 되었다.

2001년의 일이었다. 곰솔의 상태가 급격히 악화되고 있다고 보도되었다. 나무의 이파리가 우수수 떨어지고 말라 죽어가고 있었다. 나무 밑동에 구멍을 뚫고 그 구멍 속에 독극물을 투여한 흔적이 발견되었다. 천연기념물이 사라져야 그 지역이 보호구역에서 해제되고, 그에 따른 개발이익을 얻을 수 있다는 사람들의 소행으로 추측되었는데, 범인은 현재까지도 오리무중이다.

시민들은 분노했고, 죽어가는 곰솔을 살려야 한다는 여론이 비등했다. 외과수술과 수형조절 등 응급조치를 취하고, 갖은 노력 끝에 현재의 모습으로 만들어 놓았다. 하지만 죽어가는 나무 한쪽 끝을 붙잡고 살아야 한다고 바동거리는 모습은 눈으로 보기에도 민망하다.

흙빛의 둥글고 큰 콘크리트(?)기둥을 한 줄기 나무껍질이 휘감아 오르고, 죽은 열네 개의 부러진 가지가 처참한 흔적으로 남아 있다. 생명이 붙어 있는 네 가지 중 동남쪽으로 16미터나 뻗은 가지가 가장 활발한 모습이다. 그러나 3미터 간격으로 5개의 철골 받침대의 신세를 지고 있고, 끝부분이 땅에 닿을 둥 말 둥 한 모습은 보기에도 아슬아슬하다. 위를 쳐다볼 기력도 없어 밑만 바라보고 있으니 언젠가는 또 다른 수술을 받아야 할 것이 뻔하다. 동쪽으로 뻗은 두 가지도 역시 받침대의 신세를 지고 있기는 마찬가지다. 그래도 서쪽으로 뻗은 가지가 가장 좋은 모형을 유지하고 있는 편이다.

이러한 곰솔에게서 학춤은 더 이상 기대할 수 없게 되었다. 둥치도 기둥도 부실해진 곰솔은 춤 맛을 잃은 지 오래다. 커다란 고목의 몸통을 온통 난도질하고 잘라내어 간신히 싹을 트인 분재 같기도 하고, 구새통에 싱싱한 가지 하나를 걸친 설치물 같기도 한 곰솔은 춤을 출 기력을 잃어버렸다. 어린 무용수들이 춤을 추자고 몸을 흔들며 보채면 곰솔은 몹시 괴롭고 힘들다. 현재 곰솔의 잔영이다.

문제가 또 있다. 옆에 서 있는 9개의 후계목이다. 곰솔이 생을 마감할 때 대체할 나무로 키우고 있단다. 그들은 곰솔의 살아있는 증인들이다. 그들은 죽어가는 곰솔 옆에서 매일매일 곰솔의 임종을 체험하며, 자기들의 미래도 그렇게 될 거라 확신하고 있다.

그런데 그런 나무들을 후계목이라고 지목하는 것은 너무 가혹한 형벌이라는 생각이 들어 어딘지 모르게 개운치 못하다. 비참하고 슬픈 곰솔의 잔영만을 체험하고 있는 나무에게 체험하지 못한 한창때의 영광을 재현하기를 바라는 어처구니없는 발상이기 때문이다.

- (수필시대 52호)

저런, 재변이 있나!

10월 어느 날 오전에 화산공원을 산책하다가 아카시나무에서 이상한 것을 발견했다. 지난여름 태풍으로 한쪽 큰 가지가 부러져 나갔고, 잔가지들도 상처투성이인 아카시나무의 이파리가 햇빛에 반사되어 희뜩거리는 것이 멀리서 눈에 띄었다. 벌레가 이파리를 갉아먹어서 색이 변한 줄 알고, 옆에 가서 자세히 바라보다가 나는 말문이 막혔다. 10월 중순인데도 아카시나무가 꽃을 피우고 있었다. 가시마다 세법 많은 하얀 꽃을 달고 있었다. 보는 사람 중에는 "저런, 재변이 있나!"하고 놀라워하면서 혀를 차는 사람도 있었다.

어렸을 적에 터무니없고 상상 밖의 일을 저질렀을 때 할머니들은 "저런, 재변이 있나!"하고 혀를 차셨다. 해서는 안 될 일을 저질렀나는 뜻이있다. 그러나 요즘은 하도 이변이 많이 일어나는 세상이라 그런 감탄사는 별로 들을 수 없었다.

하지만 며칠 전의 벚꽃에 이어 하얀 아까시꽃을 보고 내 입에서도 저절로 "저런, 재변이 있나!"하는 감탄사가 나왔다. 한여름 아열대성의 더위로 제정신을 잃은 나무들이 시원한 바람을 봄바람으로 착각하고 꽃을 피웠다고 생각하니, 더위 먹은 소 달만 보아도 헐떡인다는 속담이 실감되었기 때문이었다.

금년 여름에는 유난히도 더웠다. 매일매일 기록을 갱신하는 더위였다. 그 덕택으로 사람들이 흔히 볼 수 없었던 토란꽃과 고구마의 꽃도 볼 수 있었다. 신문마다 백년 만에 피는 꽃이라고 대서특필했다.

더위 때문에 사람들을 귀찮게 구는 날것들의 활동도 왕성했다. 집안에서 가끔 볼 수 있었던 초파리들도 여느 해보다 기승을 부렸다. 작고 날쌔어서 잡으려다가 헛손질하기 일쑤였다. 여러 가지 방법을 동원하며 박멸운동을 펴보았지만 매번 헛수고였다.

어느 날 나는 냉장고 속을 청소하려고 서랍을 빼어보고 깜짝 놀랐다. 서랍 밑이 초파리 시체로 가득한 것을 보고 내 입에서 "저런, 재변이 있나!"하는 말이 저절로 나왔다. 서랍 속에 담아두었던 포도 때문일 거라 생각하고, 포도를 사먹지 말아야 할 것 같다고 말했다가 본전도 못 찾았다. 구더기 무서워 장을 담그지 말아야 하느냐며 항의하는 아내의 말에 나는 머쓱해졌다.

그런데 9월이 되자 갑자기 전에 없었던 것이 집안에서 날아다니고 있었다. 초파리보다는 크고, 파리보다는 작은 거무스름한 나방이였다. 동작도 둔하여 날아다니는 것도 손으로 쉽게 잡을 수 있고, 벽에 붙어 있는 것을 발견하고, 옆에 가도 날아가지 않았다. 그러나 그 수가 점점 늘어나 걱정이었다.

기상이변 때문이라 생각했지만, 쌀을 보관한 큰 통을 열었을 때 내 입에서 "저런, 재변이 있나!"하는 소리가 저절로 나왔다. 작년 가을에 쌀 일 년 치를 한꺼번에 구입하여 보관했던 것이 원인이었다. 예년과는 달리 금년에는 쌀에서 벌레와 나방이가 많이 생겼다. 건조가 덜 된 것을 정미했음에 틀림없었다.

여름철에 젊은이들이 쌀을 비닐봉지 채 버리는 것을 본 아파트 경비원이, 먹는 쌀을 아깝게 버린다고 말하면, 벌레 때문에 먹을 수 없다고 한단다. 경비원은 "저런, 재변이 있나!"하고 말하지만 속으로는 고마울 따름이었단다.

아내는 20㎏ 한 포대를 열심히 체질한 뒤 벌레를 잡아내고 보관했다. 빨리 소비하기 위해 추석에 오는 딸들에게 나누어 줄 요량이었다. 딸아이들은 대학에 다니면서 자취생활을 할 때 쌀에서 나온 벌레를 본 경험이 있어 아무 걱정 없이 조금씩 가져갔다. 그리고 나머지는 우리가 식량으로 했다.

그런데도 나방이가 또 자꾸 눈에 띄었다. 큰 통 속에 보관된 다른 포대의 쌀이 문제였지만 손이 쉽게 가지 않았다. 아내는 통을 열어보고 "저런, 재변이 있나!"하면서 질겁했다. 나방이 천지에다가 포대 밖에도 쌀벌레가 더덕더덕 붙어있었다. 포대를 열어 제치자 검은 바구미도 기어 다녔다. 아내는 엄두를 못 내고 바라보기만 했다. 며칠 전에 잡은 쌀벌레 생각이 났기 때문이었다.

체질한 쌀을 손으로 뒤적이며 벌레를 잡고, 한꺼번에 버리기 위해 그릇에 모아놓았다. 그런데 그 벌레들이 목숨을 걸고 자꾸 기어 올라와 온통 난리였다. 한 마리씩 볼 때와는 달리 징그러워 "저런, 재변이 있나!" 하고 말하면서, 물을 뿌려 간신히 수채로 쓸어 넣었다. 그런데 그 짓을 또 해야 한다고 생각하니 걱정이 되는 모양이었다.

나는 큰 다라 두 개를 준비했다. 아내가 체질한 쌀을 다른 다라에 부으면, 나는 손으로 벌레를 잡았다. 쌀을 뒤적이고, 가만히 쳐다보고 있으면, 움직이는 것이 보였다. 그것이 벌레였다. 나는 잡은 벌레를 빈 그릇에 모아두지 않고, 절반쯤 물을 채운 페트병 속에 잡는 대로 넣었다. 페트병 속에 들어가자마자, 쌀벌레들은 바구미와는 달리 물속에 가라앉았다. 물속에 수장된 시체를 보고 기분이 이상했지만, 나는 새로운 사실을 발견했다. 다른 동·식물의 주검과는 달리 쌀벌레는 죽어서도 물 위에 뜨지 않고 가라앉았다.

밥을 지을 땐 쌀을 물로 씻으며 쌀 속에 있던, 물에 뜨는 이물질을 골라낸다. 하지만 뜨지 않는 쌀벌레는 입속으로 들어갈 수 있다. 그것을 먹은 후에 "저런, 재변이 있나!"하고 후회하지 말고, 벌레가 생기지 않도록 잘 보관해야 한다. 그래도 벌레가 생기면 일일이 잡을 수밖에.

쪽도 모르면서

"저것이 돼지풀이지요?"

유월 어느 날 오후였다. 내가 전주자연생태박물관의 야생화단지에서 야생화를 둘러보고 천변을 걷고 있을 때, 도중에 만난 선배 문우 한 분이 함께 걸으면서 길가의 다보록한 풀을 가리키며 갑자기 물었다. 내가 선뜻 대답을 못하고 어물거리자 그는 덧붙였다.

"저 풀은 어렸을 때 시골 집 앞에 있는 도랑가에 많았습니다. 미꾸라지를 잡으려고 진흙탕 속을 더듬거리고 있을 때, 미꾸라지가 그 속으로 들어가면 잡을 수가 없었습니다. 그래서 낫으로 모두 베어버리던 풀이었습니다."

그분이 말하는 돼지풀은 요즘 생태계를 교란시키고 있다는 외래식물이 아니다. 전라도 일부 지역에서는 고마리를 돼지풀이라고도 부른다. 고마리는 물가나 도랑가에서 많이 볼 수 있는 마디풀과의 일년초다. 줄기는 30~70cm이고, 줄기에는 작은 가시가 있다. 가을에 가지 끝에 핀 작은 담홍색의 꽃이 앙증하다.

그분의 말을 듣고 나는 의문이 생겼다. 그분이 고마리를 돼지풀이라고 알고 있는지 의심스러웠다. 고향이 농촌이어서 돼지풀을 잘 알고 있을 거라는 생각이 들었지만, 엉뚱한 것을 보고 나에게 돼지풀이냐고 물었기 때문이었다. 그때 전주천변의 봄 풍경에 대해 그분이 쓴 수필이 떠올랐다. 수필 속에서 그분은 천변에서 노란 민들레꽃과 파란 제비꽃 그리고 물가의 연한 고마리 이파리들을 보니 봄이 왔음을 실감한다고 쓰고 있었다.

그런데 오늘 나에게 질문한 것을 보면 돼지풀을 확실히 모르고 있다는 생각이 들었다. 그러나 내가 아니라고 대답하면 무안해 할까 봐 나는 즉답을 피했다. 40여 년 간 교직생활을 통해 터득한 나의 비결이었다.

나는 그 풀의 가지 하나를 잘라서 손에 들고 걸었다. 그리고 도중에 그것과 비슷한 다른 두 가지도 준비했다.

시원한 다리 밑에 이르렀을 때였다. 내가 준비한 세 가지를 보여주면서 잘 관찰해보라고 말했다. 모두 주위에서 쉽게 볼 수 있는 풀들이지만 관심을 두지 않으면 쉽게 구분하지 못하는 것들이었다.

처음에는 다 비슷하다고 말하더니, 한참 후에야 이파리들의 모양이 다름을 발견했다. 그것들은 고마리, 쪽, 그리고 닭의장풀 이파리였다. 어느 것이 고마리인지 물어도 알아맞히지 못했다. 그때 나는 그분 수필 속의 고마리는 그분이 알고 있는 돼지풀이 아님을 확신했다.

수필은 사실(fact)을 중요시하는 체험문학이다. 하지만 많은 수필가들은 이런 사실을 소홀히 여겨 오류를 범한다. 환경의 변화로 지금은 상황이 많이 달라졌는데도, 자기가 잘 알고 있었던 과거의 사실을 근거로 당연시하여 범하는 오류다. 나는 이런 현상을 '유추에 의한 사고의 오류'라고 말하고 싶다. 잘 알지도 못하는 것들을 아는 체하며 묘사하는 것도 마찬가지다.

종달새가 좋은 예이다. 요즘은 시골의 보리밭에서도 종달새를 구경할 수 없다. 그런데 봄철 도시의 냇가에서 눈앞에 아지랑이가 가물거리고, 종달새가 지지배배 울고 있다고 표현한 작가들이 있다. 어처구니없는 표현이다.

나는 쪽의 가지를 보여주고, 기분이 상하지 않도록 조심하면서, 조금 전에 나에게 물은 것은 돼지풀이 아니고 쪽이라고 설명해주었다. 쪽의 줄기는 홍자색을 띠며 잎은 길둥글거나 달걀 모양이며, 8~9월에 붉은 꽃이 이삭 모양으로 피고, 잎은 남빛(쪽빛) 물감으로 사용된다고 말했다.

그분은 말없이 웃기만 했다. 쪽이라는 말을 익히 들어서 알고 있었지만, 실물을 확인하기는 처음이었기 때문이었다. 더구나 젊었을 때에는 남색의 옷이 유행이어서 자주 입고 다녔고, 오랜 교직생활 덕에 청출어람이란 말도 잘 알고 있었다.

돼지풀이라고 알고 있는 고마리를 보여주었다. 잎은 삼가 꼴로 잎자루가 달린 부분이 옆으로 길게 퍼져 T자 모양으로도 보인다. 쪽의 이파리와 비교하면서 설명하니 쉽게 식별할 수 있었지만, 고마리를 왜 돼지풀이라고 부르는지는 설명할 수 없었다. 어렸을 때 낫으로 베어다가 돼지에게 준 기억은 있었지만, 하수구와 같은 더러운 물이 있는 곳에서 자라기 때문인지, 아니면 돼지가 그 풀을 좋아하기 때문인지는 확실히 알지 못했기 때문이었다.

다음에 보여준 것은 달개비라고도 부르는 닭의장풀이었다. 닭장 밑에까지도 올라와 사는 풀이라서 닭의장풀이라고 불린다는 말은 들었으나 확실한 근거는 몰랐다. 줄기는 옆으로 벋으면서 자라고, 마디에서 새로운 뿌리가 나오기도 한다. 7~8월에 나비 모양으로 피는 파란색 꽃은 정말 앙증하다.

내 설명을 들은 그분은 자기 고향도 시골이었지만, 공부한다는 핑계로 아무것도 몰랐고, 말로만 들어왔던 쪽도 모르는 사람이 되었다면서 머리를 긁적거렸다. 그리고 수필을 쓰려면 다방면의 지식이 필요하다며, 앞으로는 주위의 사물들에게도 특별한 관심을 가지고 살아가겠다고 다짐했다.

쪽도 모르면서 노력한다고 얼마나 더 많이 알게 될까마는, 다음에는 닭의장풀을 돼지풀로 오인하는 실수를 범하지 않도록 작심삼일이 되지 않기를 은근히 바랄 뿐이었다.

제4부

새로운 출구전략

2관왕 | 다리 밑 유감(有感) | 병원에서 | 새로운 출구전략
어떤 개싸움 | 엉덩이 힘 | 적색 대자보의 위력
진드기와 애완견 | 풍요로운 만찬 | 훈수꾼

2관왕

아내가 가장 싫어하는 말이 있다. 동부인모임에 갔을 때마다 친구들이 내가 가장 술이 세다고 하는 말이다. 아내는 내 술 이야기만 들어도 지겹다며 기다렸다는 듯이 술을 마시고 실수한 것들을 털어놓곤 한다. 아마 술꾼 부인들의 공통점일 게다. 그런데 술을 마시고 일어난 에피소드를 글로 쓴다고 했더니 뭐가 그렇게 자랑스러우냐며 비아냥거린다.

1986년 8월 어느 날이었다. 10월 국군의 날에 있을 3사관학교 체육대회에 대비하기 위해 공군사관학교축구팀이 전주로 전지훈련을 왔었다. 체육부장인 윤 소령의 고향이 삼례이고, 전주대학교 축구부감독인 고인이 된 최 감독과는 고등학교동기동창이었기 때문이었다. 그때 소장인 공군사관학교장과 몇몇 간부들이 훈련 중인 선수들을 격려하려고 전주에 들렀고, 축구협회 부회장인 나는 회장과 함께 그들을 대접한 일이 있었다.

요즘 말하는 방석집에서 술자리 준비가 진행되고 있을 때였다. 작전부장인 모 중령이 공군들의 주법이라며, 반드시 '좌삼우삼(左三右三)'의 규칙을 지켜야 한다고 설명했다. 받은 술잔을 상에 놓지 않고 마시되, 구호에 따라 옆 사람에게 좌로 세 번 그리고 우로 세 번 돌리고 난 후, 자기가 원하는 사람에게 잔을 건네는

식이었다. 예외규정이 없으니, 서비스를 하는 여인들도 감당할 수 없으면 미리 자리를 떠나라고 겁을 주었다. 술은 물론 폭탄주였다.

폭탄주도 두 가지 방법이 있었다. 맥주잔에 맥주를 따르고, 그 속에 들어있는 양주잔에 양주를 채우는 것은 원자폭탄이고, 반대로 맥주잔에 양주를 따르고, 속에 들어있는 양주잔에 맥주를 채우는 것을 수소폭탄이라고 설명하면서, 오늘은 상견례 자리인 만큼 약한 원자폭탄으로 한다고 설명했다.

좌삼우삼이 끝났을 때였다. 내 맞은편에 앉은 작전부장이 나에게 탁구를 칠 줄 아느냐고 물었다. 축구선수생활을 한 사람이 탁구를 못 치겠느냐고 큰 소리를 치면서 언젠가 시간이 나면 한 게임을 하자고 말했더니, 그는 웃으면서 그 자리에서 판을 벌이잔다. 탁구를 치듯 마주 앉은 사람끼리만 잔을 주고받는 것을 뜻했는데 나는 동문서답한 꼴이었다.

40대 후반인 나도 술에는 둘째가라면 서러운 정도였다. 술을 들고는 못 다녀도 뱃속에 넣고는 다닌다는 말을 들을 정도였으며, 술로만 평가한다면 진즉 교육감은 되었을 거라고 비아냥거리는 소리를 듣고 사는 사람이었다. 그런 내가 탁구경기를 마다할 리가 없었다. 다른 사람들은 옆에 앉은 여인들과 농담도 하면서 즐거운 시간을 보내고 있을 때, 둘이는 서로 주거니 받거니 열심히 탁구만 쳤다.

그 다음날 아침 일찍 전북축구협회 전무이사가 집으로 찾아왔다. 과음을 했으니 해장을 하면서 속을 풀어야 한단다. 어차피 그 날 오전에 공군사관학교와 전주대의 평가전이 있는 날이었기 때문에 그를 따라나섰다.

해장을 하고 경기장 본부석에 도착했을 때였다. 사관학교장과 다른 참모들은 모두 자리에 앉아 있는데 탁구경기를 벌였던 작전부장의 얼굴이 보이지 않았다. 옆에 있는 친구에게서 행방불명이라는 말을 듣고 나는 어안이 벙벙했다. 마침 그날 아침에 익산에 중국 비행기가 추락한 사건이 발생하여, 급히 귀교해야할 작전부장이 행방불명이 되었다니 난감했다.

폭탄주로 녹초가 된 그는 숙소로 먼저 간다며 택시를 탔지만, 갑자기 기억이 혼미해져 숙소를 알 수 없었다. 그래서 기사에게 서울로 가자고 했는데 서울로 갈 수 없다는 말을 듣고, 화가 나서 기사에게 손짓을 했다. 그러자 기사는 술주정꾼의 행패라며 태평동파출소에 신고를 했다. 그런데 만취한 그가 현역 공군중령이고 공군사관학교작전부장임을 확인한 파출소장은 그를 인근 여관에 재웠다.

평가전이 끝나고 금평저수지에 있는 매운탕 집에서 점심식사를 하고 있을 때였다. 작전부장이 헐레벌떡 오더니 교장 앞에서 머리를 숙여 사죄했다. 교장은 자기 옆에 앉히더니 그날부터 별도의 지시가 있을 때까지 금주령을 내렸다. 그는 교장 술잔마다 자기가 따르려고 하며 눈치만 보고 있었지만, 교장은 술병에 손도 대지 못하게 했다. 냄새만 맡아도 마시고 싶을 테니 술병 옆에는 얼씬도 하지 말라는 뜻이었다.

나는 하도 딱해서 교장에게 긴급동의를 제안했다. 모든 경기는 삼세판으로 결판이 나는데, 어제 폭탄주 탁구대회는 1차전이었고, 오늘 소주 탁구대회가 2차전인데 금주령을 내리면 경기를 진행할 수 없으니 경기가 끝날 때까지 명령을 유예해주라고 청했다.

교장이 미소를 띠며 내 제안을 받아들였다. 내가 맥주잔을 건네면서 소주를 따르자 2라운드 탁구경기는 계속되었다. 두서너 잔씩 주고받은 뒤 내가 더 권하자 그는 낮술이라며 사양했다. 나는 경기에 주야의 구별은 없는 법이라며, 좌삼우삼의 주법은 알고 후래삼배라는 말은 모르느냐며 호통을 쳤다. 그래도 그가 미루적거리자 교장이 나에게 와서 어제의 폭탄주대회에 이어 오늘 소주대회까지 2관왕이 된 것을 축하한다며 나에게 잔을 건넸다. 나는 오랜만에 영광(?)의 우승컵에 술을 받아마셨다. 그 후부터 내가 축구인들과 함께하는 술자리에서 내 별명은 '2관왕'이었다.

- (전북수필 75호)

다리 밑 유감(有感)

어린이가 어른들에게 자기는 어데서 태어났느냐고 물으면, 어른들은 대개 어머니 배꼽에서 태어났다고 말했다. 그러다가도 고분고분하지 않거나 고집을 피울 땐, 다리 밑에서 주워왔다며, 다리 밑에 도로 데려다 놓는다고 겁을 주었다. 어렸을 때 어린이들은 본의 아니게 가끔 다리 밑에 자주 드나들어야만 했다. 그래서 누구나 다리 밑 추억을 가지고 있다.

모태가 생명의 발원지라면 어머니의 다리 밑은 생명체의 본향이다. 어머니 뱃속에서 태어나면서 두 가랑이 사이를 지나 처음으로 착지한 곳이 '다리(脚) 밑'이기 때문이다. 하지만 언어능력이 부족한 어린이들은 어른들이 사용하는 '다리 밑'을 동음어인 '다리(橋) 밑'으로만 알아듣고 울어버렸다.

아이들은 거지를 무서워했다. 거지들이 어깨에 멘 큰 자루 속에 아이들을 넣고 잡아간다고 믿고, 아이들은 거지들을 보면 무서워서 달아났다. 또 겨울철에 아이들은 거지들이 다리 옆 양지에서 바지춤을 까고 이를 잡는 모습을 가끔 보았다. 다리 밑은 거지들이 사는 무서운 곳으로 생각되어 다리 밑 이야기만 들어도 어린이들은 울 수밖에 없었다.

내가 고등학생이었을 때였다. 다리 옆을 지나다가 다리 밑에서 땅꾼들이 검은 단지에다 뱀을 끓이고 있는 모습을 자주 목격했다. 그때에는 폐병환자들이나 먹는 사탕(蛇湯)이었다. 어린이들은 뱀을 무서워하기 때문에 뱀을 잡는 땅꾼들을 보면 무서워서 도망쳤지만, 다리 밑은 땅꾼들의 일터요 보금자리였다. 어린이들이 다리 밑을 혐오하게 된 또 하나의 이유였다.

사람들이 다리 밑을 가깝게 접근할 수 있도록 만든 사람들이 있었다. 50년대 말 전주남부시장 매곡교 밑에서 만병통치약을 팔던 약장수들이었다. 그들은 약을 팔기 위해 시민들을 다리 밑으로 모이게 했다. 그래서 다리 밑은 한때 전주의 명소가 되었다.

약품을 실은 트럭과 마이크시설을 갖춘 천막 무대가 전부였지만, 볶아 올린 짧은 머리, 쥐를 잡아먹은 듯이 빨갛게 칠한 입술, 허리춤을 걷어 올린 짧은 치마 밑으로 내민 하얀 종아리와 뾰족구두, 이런 무명가수의 모습은 그 당시에는 흔히 볼 수 없었다. 나이가 든 어른들에게는 신선한 충격이었다.

많은 사람들은 그들이 부르는 유행가와 단막극에 매혹되어 매일 그곳을 들락거렸다. 도시락을 싸 들고 다니는 사람도 있었지만, 대부분 시장에서 막걸리 한두 잔과 국수로 끼니를 때우고 종일 쪼그리고 앉아 있었다. 조금이라도 가까이에서 여인의 얼굴을 보려고 꾸불꾸불 접어 호주머니 속에 소중히 간직한 지폐로 만병통치약을 사주었다. 그리고 다음날도 계속되기를 바랐다.

평화를 상징하는 비둘기는 큰 행사의 꽃이었다. 행사가 있을 때마다 동원된 수십 마리를 한꺼번에 날려 보내어 대미를 장식했다. 하지만 비둘기들도 갈 곳이 마땅치 않았다. 그래서 찾아간 곳이 다리 밑이었다. 교각과 다리 상판 사이의 틈새에 칸막이도 없는 다세대주택을 짓고 둥지를 틀어 집단생활을 하고 있다. 오늘날 거지와 땅꾼들이 사라진 대부분의 다리 밑은 비둘기들의 보금자리이다.

다리 밑은 마땅히 오갈 데가 없는 모든 사람들이 쉽게 찾아갈 수 있는 편리한 곳이다. 어렸을 때 어른들로부터 많이 들어서 익히 알고 있는 다리 밑이기에 나이가 들어서도 자주 찾을 수 있다. 그래서 남부시장 동쪽에 있는 싸전다리 밑은 열린 노인당이다.

남부시장 주위에는 한 잔에 천 원짜리 커피를 마시며 고스톱도 치고, 장기나 바둑을 즐길 수 있는, 노인들을 상대로 하는 다방이 많다. 그러나 그곳은 밀폐된 공간인데다가 쉴 새 없이 뿜어대는 담배 연기 때문에 숨이 막혀 오래 앉아 있을 수 없다. 자연히 공기가 맑고 확 트인 다리 밑을 찾을 수밖에.

다리 밑을 찾는 노인들은 싸구려 국수나 순대와 막걸리로 끼니를 때우고, 오백 원짜리 커피를 마시며, 치매 방지를 위해 좋다는 동전치기 고스톱이나 장기와 바둑을 즐기며 하루의 시간을 보내고 있다.

하지만 사람이 모이면 꾼이 모여드는 법. 노인들을 갉아먹으려는 꾼들이 모이기 시작하더니, 마침내 전문 도박단들이 그곳에서 큰 판을 벌였다. 잦은 민원 때문에 골치를 앓던 시청에서는 기회를 놓칠 새라 바위만큼 큰 돌덩이와 흙으로 다리 밑을 봉쇄해 버렸다.

보금자리를 잃은 노인들은 겨울 동안은 추위를 피해 다방으로 향한다. 하지만 그곳은 갑갑하다. 날씨가 풀리면 다시 다리 옆 넓은 공간에 하나씩 찾아들기 시작한다. 다리 밑을 차지할 수는 없어 안타깝지만, 넓은 공간과 맑은 공기 때문에 지금은 다시 문전성시를 이루고 있다. 커피와 국수 그리고 막걸리를 파는 할머니의 손도 바빠진다.

"다리 밑에 사람들이 모이는 것을 사람의 힘으로 억지로 막을 수는 없는 법이여. 다리 밑은 어렸을 때부터 자주 들랑거렸던 영원한 고향이니까."

의자에 앉아 종이컵 커피를 마시며 할아버지들이 다시 돌아와서 좋겠다고 한 내 말을 듣고, 한 잔에 500원씩 커피를 파는 할머니가 회심의 미소를 띠우며 한 말이었다. '다리 밑'을 가장 잘 표현한 의미심장한 그 말은 아직도 내 귀에 생생하다.

- (전북문단 71호)

병원에서

아프면 중년이고 더 아프면 노년이라는 시쳇말이 있다. 그만큼 나이가 들면 병치레를 많이 한다는 말이어서 의사들에겐 노인들이 반가운 손님이란 뜻이지만, 노인들을 상대로 하지 않는 산부인과나 소아과를 개업한 의사들은 출산율 저하로 코가 빠지고 있다.

산부인과나 소아과병원을 개업을 했다가 환자가 없어 문을 닫고, 월급쟁이가 된 의사들도 많다. 반면에 노인들을 상대로 하는 병원은 노인들 덕분에 호황이어서 밥벌이를 할 수 있으니 노인들이 고맙기도 하지만, 노인들에 대한 전문지식이 없어 어려움도 많다고 한다.

노인들을 상대로 하는 노인복지병원도 우후죽순처럼 여기저기에 생기고 있지만, 눈이 오거나 강추위가 있은 뒤 동네 병원에 가보면 환자들이 노인들뿐이다. 정형외과에는 미끄럼에 넘어져서 다친 노인들로, 일반내과에는 감기에 걸린 노인들로 초만원이다. 큰 병원에 가도 노인환자들로 득실거린다.

병원에 환자로 갔을 때는 정신없이 끌려 다니는 신세가 되어 아무것도 느끼지 못하지만, 보호자나 방문객으로 갔을 때 만나는 환자들의 반응도 여러 가지여서 재미있는 진풍경도 많다.

몸이 아파 치료하려면 제일 먼저 아픈 부위를 의사에게 보여주면서 정확히 증세를 설명해 주어야 하는데, 노인들은 무조건 사방 군데가 아프고 쑤신다고만 한다. 의사가 정확한 증세를 들을 수 없어 답답한 나머지 환자들이 젊었을 때 담배와 술을 너무 많이 하고 몸을 혹사했기 때문이라고 설명하면 환자는 뒤가 켕기어 대답을 못하고 어물어물한다.

어느 날 종합병원에 갔을 때였다. 의사는 찾아온 환자에게 어디가 불편해서 왔는지 물었다. 여기저기 온 몸이 아프다고 끙끙 앓는 소리를 하는 할아버지를 엑스레이 촬영도 하고, 초음파검사까지도 했지만 이상한 곳을 발견하지 못했다. 그래서 할아버지에게 건강하니 그냥 돌아가라고 했다.

그러자 그 할아버지는 아파 죽겠는데 아픈 데가 없다고 말하는 의사도 의사냐고 대들면서 사이비 의사라고 싸우고 있었다. 옆에서 지켜보던 사람이 의사와의 면접시험에서 불합격은 아직 천당에 갈 자격미달이라는 판정이니 감사해야 한다고 말했지만 소용이 없었다. 아프다는데 아픈 데가 없다고 하니 환장하겠다며 불평만 하고 있었다.

병원마다 대기실은 시끌벅적하다. 같은 처지에 있는 사람들끼리여서 동병상련이란 말이 실감될 정도로 옆에 앉은 사람과 대화가 쉽게 이루어지지만 귀가 어두워 목소리가 점점 커지기 때문이다.

특히 채혈을 할 때 엄살을 부리는 할머니들이 많다. 아파죽겠는데 자꾸 주사바늘로 여기저기를 쑤셔대면서 더 아프게 한다고 중덜중덜하며 불평을 한다. 또 별로 먹은 것도 없어 영양실조에 걸린 사람들의 피를 그렇게 많이 뽑으면 어떻게 되느냐고 우는소리를 하며 항의하는 사람이 많다.

말기 암 진단을 받고 수술한 친구를 찾아갔을 때였다. 그 친구는 간호사에게 소리를 지르고 난리였다. 아파서 죽겠다는데 간호사가 진통제를 놓아주지 않는다고 욕설을 하면서 불평하고 있었다. 간호사는 의사가 처방한 진통제를 다 놓았으니 더 이상 어쩔 수 없다고 울상이었다. 그래도 친구는 막무가내 간호사에게 투정질하고 있었다.

"야, 이 사람아, 의사의 지시만을 따르는 간호사가 무슨 죄인가? 그리고 통증을 느낀다는 것은 살아 있다는 신호이네. 통증이 없으면 사람은 속이 썩어가는 줄도 모르고 있다가 죽는 거야. 자네도 지금까지 통증을 느끼지 못했기 때문에 이 지경까지 오지 않았는가? 그러니 통증을 고맙게 여기고 참소."

내 말을 듣고, 그 친구는 눈을 껌벅거리더니, 그 말이 맞기는 맞지만 아파서 그런다며 신음을 계속했다. 내가 입원하여 수술을 받았을 때도 마찬가지였을 거라고 생각하니 역지사지라는 말이 떠올랐다.

몹시 더운 여름 어느 날이었다. 나는 아내를 따라 서울에 있는 모 정신신경외과병원에 갔었다. 환자들은 대기실에 일렬로 앉아 순번을 기다리고 있었지만, 나는 아내가 의사와의 면담을 마치고 나오기만을 기다리며 혼자 휴게실에서 신문을 읽고 있었다.

잠시 후 육중한 몸을 가진 한 여인이 더위에 숨을 헐떡거리며 들어오더니 맞은 편 빈 의자에 몸을 부렸다. 엷은 블라우스 속 맨 젖통이 철렁하는 소리에 나는 반사적으로 흠칫 놀라 제정신을 앓고 다리를 꼬고 앵돌아앉아 있었다. 그 여인은 내 모습엔 관심이 없는 듯 멍청히 대기번호판만 바라보며 부채질을 하고 있었다. 무심한 여인의 행동에 나는 끙끙 앓고 있을 수밖에.

잠시 후 면담을 마친 아내가 가자고 하는 말을 듣고, 정신을 차리고 불편한 걸음걸이로 아내의 뒤를 따라나섰지만, 다음에 올 때에는 아내와 내가 역할을 바꿔야 한다는 생각도 들었다. 병원에서는 성한 사람도 환자가 되기 쉽다는 말을 실감했기 때문이었다. 하지만 아직도 젊음이 있다는 증거라고 자위하니 내 발걸음은 한결 가벼워졌다.

새로운 출구전략

어느 날 아침에 눈을 떴을 때였다. 전날 무리한 운동도 하지 않았는데 갑자기 일어나기가 불편했다. 허리에 이상이 있음을 직감하고, 간신히 일어나 아침식사를 하자마자, 어정쩡한 자세로 지팡이를 짚고 병원으로 갔다.

"젊었을 적에 술과 담배를 너무 많이 하고, 힘(?)을 많이 써서 나타나는 노쇠현상입니다."

몇 가지 문진을 하던 의사가 나에게 던진 말이었다. 약을 복용하면서 한두 번 물리치료를 받으면 괜찮겠다고 나를 안심시켜 주었지만, 나이가 든 환자에게는 누구에게나 통용될 수 있는 편리한 진단이라는 생각도 들었다. 의사의 처방대로 물리치료를 받은 후 처방전을 들고 병원을 나왔다.

집으로 돌아오는 길에 내가 젊었을 때 축구선수 생활을 하면서 경기장에서 자주 만났던, 나이가 많은 한 선배의 얼굴이 떠올랐다. 지금은 고인이 되었지만, 입담이 좋은 그분의 말은 항상 언중유골이어서, 듣는 사람들을 즐겁게 하여 축구선수들 사이에서 자주 회자되었다.

"저 친구 어제 썩은 물을 마시더니, 고름을 너무 많이 뺐구먼!"

평상시보다 빌빌거리며 실수를 많이 하고, 공을 다루는 것이 매끄럽지 못할 경우, 그 선배로부터 으레 듣는 말이었다. 술을 너무 마시고 여자를 가까이해서 제 실력을 발휘하지 못한다는 비아냥거림이었다.

60~70년대에 내가 축구선수 생활을 하고 있을 땐, 체육이 국시라고 해도 과언이 아닐 정도로 체육활동이 중요시되었고, 전국체전이 열리는 경기장마다 「체력은 국력이다」라고 쓴 대형 플래카드가 붙어 있었다. 그리고 주요 경기가 모두 생방송으로 중계되어 길에서 만나는 사람들이 선수들의 얼굴을 알아보는 경우가 많았다. 선수들은 자기를 알아주는 사람들을 보고 어깨가 으쓱해졌다. 그땐 운동선수들은 취업도 쉽게 되었다.

운동선수들은 술을 좋아했다. 선수들끼리 만나기만 하면 술집으로 달려가면서 자주 사용하는 말이 있었다. 체전에서 사용되는 「체력은 국력이다」라는 표어로 만든 알량한 삼단논법이었다. 「체력은 국력이다. 주력은 체력이다. 그러므로 주력은 국력이다」라고 주력(走力)을 동음어인 주력(酒力)으로 표현하면서 술을 많이 마셨다.

애국자가 되기도 쉬웠다. 술과 담배를 많이 소비하는 사람이 세금을 많이 내기 때문에 애국자라고 생각하고, 애국자가 되기 위해서도 줄담배와 말술을 즐겼다. 젊었을 때 매일 반복되는 일상생활의 패턴이었지만, 자고 일어나면 피곤한 줄도 몰랐다. 젊음의 프리미엄이었다.

전날 마신 술 때문에 운동장에서 고전하고 있을 때마다 그 선배 특유의 힐난한 핀잔을 들어야 했다. 매사에 조신할 줄 알아야 한다는 충고였지만, 선수들은 진한 농담으로만 여기고 귀담아듣지 않았다. 그러다가 젊어서 패가망신하거나 일찍 세상을 등진 친구도 많았다. 일상의 궤도에서 벗어나고, 국면 전환을 꾀할 수 있는 마땅한 출구전략을 마련하지 못했기 때문이었다.

병원에 가면 의사들은 노인들을 수명이 다한 폐차에 비유한다. 노인들은 아무리 좋은 부품으로 교체하고 정비해도 별로 성능이 나아지지 않고, 수명이 다한 폐차라며, 스스로 조심하는 수밖에 없다고 말한다. 그렇다고 아프면 병원 신세나 지는 무기력한 사람이 될 수는 없는 일 아닌가. 나이가 들수록 새로운 출구전략이 필요한 이유다.

새로운 출구전략으로 보신용 음식을 찾는 사람들이 많지만 채식을 권장하는 사람들도 많다. 나무의 뼈 속에서 뽑아낸 물이 뼈에 좋다며 고로쇠 물을 마시는 사람도 있지만, 노년생활에 얼마나 도움이 될지는 미지수다. 노인복지회관을 찾으며 취미생활을 하는 사람들도 많지만 그에 대한 부정적인 견해를 가지고 있는 사람도 있다. 복지회관은 폐품(?) 집하장이기 때문이다.

노인복지병원이나 요양원에 가보면, 면회 온 가족들이 떠날 때마다 집에 따라가고 싶어, 눈물을 흘리는 노인들이 있다. 노인들은, 지게 대신에 승용차를 타고 가서, 자식들과 가족들로부터 격리되는 고려장으로 생각하기 때문이다. 복지병원이나 요양원은 노인들의 바람직한 출구전략이 될 수 없다.

나도 노구(老軀)를 정비하며 생활의 전기를 마련할 출구전략을 열심히 수립 중이다. 이 나이에 명철보신(明哲保身)할 수 있는 멋진 출구전략을 기대하지는 않지만, 적어도 젊었을 적에 술과 담배를 너무 많이 하고, 힘(?)을 많이 써서 나타나는 노쇠현상이라며 노인들을 폄훼하는 진단을 다시는 받지 말아야 한다는 각오로 열심히 구상 중이다.

나는 걷기운동을 새로운 출구전략으로 삼고 열심히 실행 중이다. 특별한 장비나 기술이 필요 없어 좋다. 세월의 흔적과 인생의 무상함을 일깨워주며 수시로 변하는, 길가의 이파리 색깔에 어울리는 간단한 복장만 있으면 된다.

걷기운동은 힘없이 깊은 숲속으로 끌려가거나 또는 승용차로 도시 근교 요양병원으로 끌려갈 두려움 때문에 남의 눈치를 볼 필요를 없애주는 노년의 새로운 출구전략이다.

- (한국미래문학 24호)

어떤 개싸움

애완동물이란 가까이 두고 보거나 만지며 즐기는 작은 동물이다. 흔히 강아지나 고양이를 애완동물이라 말하지만, 요즘은 그 종류도 다양해졌다. 토끼나 돼지새끼 심지어는 악어나 뱀까지도 애완동물이라며 기르는 사람도 있다.

애완동물이란 원래 외로운 사람들이 자기 삶의 반려자로 삼고 함께 살아가는 반려동물이었지만, 요즘은 각 가정마다 애완동물 기르는 것을 하나의 문화생활로 여기는 사람들이 많다. 그리고 애완동물을 마치 자기 식구로 대우하고 호칭을 사용하여 그로 인한 인간 비하 현상도 자주 나타나고 있다.

강아지를 자기 새끼라고 부르기도 하고, 자기를 강아지 아빠나 어미로 호칭하는 경우가 많다. 이를 보고, 자기 스스로 개가 되는 셈이라고 말한다면, 동물애호가들을 폄훼하는 표현일까? 반려동물의 의미도 모르고 동물을 학대하는 무식한 사람이라는 말을 들을까 봐 조심스럽다.

신록의 계절인 5월 중순 어느 날이었다. 나는 아침식사 후 가까운 화산공원으로 산책을 나섰다. 하늘은 맑고 깨끗했지만, 예보한 대로 후덥지근한 초여름 날씨였다.

공원입구에 이르렀을 때, 그윽한 향기가 코를 찔렀다. 입구에 있는 병꽃나무의 꽃에 코를 대보았으나 별로 향기가 나지 않았다. 주위에는 뽀리뱅이의 노란 꽃, 지칭개의 분홍 꽃, 국수나무와 찔레나무 그리고 산딸기나무의 하얀 꽃, 엉겅퀴와 구분이 잘 되지 않는 방가지똥의 노란 꽃, 그리고 이름 모를 들꽃들이 피어 있었지만 풍겨오는 향기는 그들의 것이 아니었다.

고개를 들고 위를 보니 공원 중턱에 입을 살포시 벙긋한 하얀 아까시꽃이 눈에 띄었다. 코를 간질인 주범으로 알고 천천히 여유를 부리며 걸어가고 있었다. 하얀 머리를 흐드러지게 풀고 서 있는 이팝나무도 장관이었다.

아까시꽃향기에 취해 주변에 피어 있는 꽃들을 살피며 천천히 걷고 있을 때였다. 한 여인이 귀엽게 생긴 하얀 강아지를 데리고 샛길에서 나타났다. 바로 내 코앞에서 강아지를 세우더니 물을 마실 때가 되었다면서 하얀 병을 입에 대주었다. 강아지는 별 뜻이 없다는 듯 고개를 돌리고, 꼬리를 흔들며 앞장서 갔다. 그러자 그 여인은 뒤를 따랐다.

정상에 올랐을 때였다. 그곳 나무 밑 벤치에는 여러 사람이 앉아 쉬고 있었다. 그 중 하나가 강아지를 보고, 귀엽다는 듯이 한 손을 내밀고 흔들며, 둥글게 내민 입으로 "쯔쯔쯔쯔"소리를 내면서 불렀다. 그런데 꼬리를 흔들며 다가가던 강아지가 갑자기 바로 코앞에서 방향을 바꾸어 달아나 버렸다.

"손대려 하지 마. 엉덩이를 만지거나 등에 손을 대는 것도 성추행이래. 영리한 개라 성추행할 줄 알고 미리 달아난 거야."

강아지가 달아나는 것을 보고 있던 한 사람이 요즘 시끄러운 성추행 파문을 꼬집어내며 한 마디 거들자 모두 웃었다. 그 때 여주인이 그 강아지는 남자라고 말했다. 남자끼리는 성추행이 문제가 되지 않는다는 투의 말이었다. 그러면서 또 강아지에게 물을 먹이려고 했다. 하지만 아까시꽃향기에 취한 강아지의 행동을 제어하기가 쉽지 않은 듯 했다.

한참 후, 강아지를 앞세우며 걷고 있던 여인은 맞은편에서 걸어오고 있는 다른 여인을 만났다. 그 여자도 비슷한 개를 앞세우고 있었다. 내 눈에는 같은 종으로 보였다.

"남자요? 아니면 여자요?" 하고 묻는 순간에 두 마리는 벌써 서로 꼬리를 흔들며 한데 어우러졌다. 이내 몸을 비비며 한 덩어리가 되어 버렸다. 유유상종이란 말이 실감되었다.

"남자인데요."하고 대답이 떨어지기가 무섭게, 한 놈이 짝짓기를 하려는 시늉을 하며 올라타려고 애를 쓰고 있었다. 사람들 앞에서 수놈끼리 지랄한다며 말리려는 듯 떼어놓으려는 순간, 한 놈이 자기 주인의 뒤로 도망가 다리에 올라타면서 몸부림을 치고 있었다. 이성인 줄 알고 좋아했지만, 자기보다 강한 상대임을 알고, 구조 요청을 하고 있는 듯이 보였다. 그때 다른 놈이 옆으로 가더니 주인에게 통사정하는 놈을 물어버렸다.

"이놈! 저리 가. 왜 남의 새끼를 물어?"

개의 비명 소리를 들은 여자는 순간적으로 자기 개를 안고, 상대의 개를 때리며 쫓아내려 했다. 그러자 왜 남의 귀한 새끼에게 손찌검을 하느냐고 소리치면서 그 여자도 상대의 개를 때렸다. 한참 옥신각신하는 동안에 강아지들은 몸을 움츠리며 떨고 있었다. 마침내 한 여인이 재수 없으려니까 별일을 다 보았다고 투덜거리며 자기 개를 안고 떠나버리자 사건은 진정되었다.

옆에서 두 사람의 싸움을 지켜보고 있던 길가의 머리가 하얀 국수나무는, 오래 살다 보니 별 싸움을 다 보았다면서 배꼽이 빠지게 웃는 듯했다. 하얀 꽃을 달고 있는 찔레나무도, 개들 싸움이 어른 싸움 된다는 속담은 알고 있었지만, 개들의 춘정(春情)이 원인이 된 이 싸움이 개싸움인지 사람들 싸움인지 헷갈린다며 쓴웃음을 웃고 있었다.

사건이 발생할 때마다 새로운 이름이 생기고, 그 이름으로 사건은 종결된다. 하지만 나는 그 사건의 이름 때문에 고민에 빠졌다. 분명 두 여인 간의 싸움이었지만, '두 여인의 싸움'이라고 말할 수 없었다. 싸우는 쪽은 분명히 여자들이었지만 맞는 쪽은 개였기 때문이었다. 그것을 보니 '개 패듯'이란 말이 실감이 되었다. 하지만 싸움의 발단이 개싸움이었기에 인과응보란 표현이 어울릴 것 같았다. 5월의 아카시꽃향기에 취한 '어떤 개싸움'이었다.

엉덩이 힘

며칠 전에 인생의 모토로 삼는 좌우명이나 성서구절 또는 마음에 담고 사는 좋은 글귀를 보내달라는 문우회장의 e-mail을 받고, 나는 주저하지 않고 'I know only nothing'이란 글귀를 보냈다. 내가 항상 좋아하는 구절이기 때문이다. 그리고 'Do your best to the last'라는 말을 덧붙이면 금상첨화라고 했다.

'Nothing'은 문자 그대로 무(無)를 의미하며, 모든 것이 무(無)에서 생기기 때문에 만물의 근원은 무(無)이다. 그리고 자연현상을 제외하고, 무(無)에서 유(有)를 만들어 내는 행위를 이르는 용어도 가지각색이다. 발명, 생산, 교육, 창작 등, 인간의 정신적 노력에 의한 모든 창작품은 무(無)에서부터 출발하기 때문에 무(無)는 모든 창작활동의 출발점이다. 내가 그 글귀를 좋아하는 이유다.

나는 어느 일간지 칼럼에서 건축도 무에서 유를 만들어내는 행위이기 때문에 창작이라고 말하고, 건축의 창의력은 눈과 손에서 나오는 것이 아니라 머리와 엉덩이에서 나온다고 하는 글을 읽은 일이 있었다. 그런데 나는 둔한 엉덩이가 그런 힘을 가지고 있으리라고는 상상도 못했었다.

그 건축가의 주장에 의하면, 머리는 보이는 것과 보이지 않는 것을 연결하는 힘이고, 엉덩이는 의자에 오랫동안 붙어 앉아 끝까지 밀고 나가는 힘이란다. 나는 그 글을 읽고, 창작활동을 하기 위해서는 한번 자리를 잡고 앉으면 쉽게 일어나지 않는 무거운 엉덩이가 필요하다고 생각되었다. 반면에 한군데 가만히 앉아 있기가 갑갑하여 쉽게 근질근질해지는 엉덩이를 가진 사람은 창작활동을 할 수 없다는 뜻으로 해석되었다.

나는 그 건축가의 말이 상당한 설득력을 가지고 있다고 생각되었다. 창작활동을 가능하게 하는 것은 창의력뿐만 아니라, 그 창의력을 끝까지 밀고나가 완성할 수 있는 강한 추진력과 인내력이라고 생각되기 때문이었다.

옥불탁 불성기(玉不琢 不成器)라는 말이 있다. 옥도 오랫동안 갈고 닦아야 명품이 될 수 있다는 말이니, 명품을 만들어내는 장인(匠人)에게 필요한 덕목은 인내와 끈기이기 때문에 엉덩이가 무거워야 한다는 뜻이다.

고등학교 시절에 내 별명은 '코스방'이었다. 어느 나라 말인지는 몰랐지만 그땐 엉덩이가 큰 사람들을 부르는 별명이었다. 그땐 친구들이 코스방이라고 부르며 놀리면 기분이 좋지 않았다. 내 신체적 약점인 큰 엉덩이가 별명이 되었기 때문이었다.

하지만 나는 그 큰 코스방 덕으로 운동장을 누비며 힘껏 볼을 찰 수 있었다. 축구선수들 중에서도 내 코스방이 제일 컸고, 내가 운동장에서 뛰어다니면 땅이 울린다고 놀려댔다. 그런데 남들보다 오래까지 진득이 운동도 하고, 책도 읽고, 공부도 할 수 있었던 것이 큰 엉덩이 덕이었음을 이제야 깨달았으니 그땐 나도 어지간히 둔했던 모양이었다.

나는 아는 것이 아무 것도 없다. 그래서 나는 'I know only nothing'이란 말을 자주 인용한다. 그렇다고 무위도식(無爲徒食)하며 세끼 밥이나 축내는 삼식(三食)이는 아니다. 비록 나이가 들었지만, 젊었을 때 열심히 일한 덕으로 지금도 가족을 부양하고 있으니 능력이 있는 가장이다. 그리고 매일 의자에 앉아서 끼적거리며 시간을 죽이고 있으니 엄연한 직업도 있다. 창작활동을 하는 수필가다.

나는 주위에서 늘 만나는 풀과 나무, 거닐면서 주위에서 부딪치는 새로운 것들, 친구들과의 대화 내용, 그리고 지난날의 추억 등을 소재로 글을 쓴다. 새롭고 흥미로운 소재를 만나면 내 머리는 지금까지 축적된 기억의 바다 속을 샅샅이 뒤적이며 관련된 자료들을 찾아낸다. 그러면 나는 의자에 앉아 날을 새우며 끼적거리고, 거기에 살을 붙여 마침내 창작품을 만들어낸다. 모든 것이 큰 엉덩이 덕에 가능한 일이다.

나는 아는 것이 아무 것도 없지만, 가급적 새로운 활동을 삼간다. 한번 시작하면 날이 새는 줄도 모르고 덤비는 내 성격 때문이다. 날을 샐 수 있는 힘은 오랜 선수생활에서 터득한 지구력과 투지의 소산이라고 생각되지만, 타고난 내 엉덩이에서 나온 힘 덕이다.

'Do your best to the last'라는 말은 '끝까지 최선을 다하라'는 뜻이다. 경기에 임하는 모든 선수들이 지켜야 할 스포츠맨십을 표현하는 말이지만, 인생은 경기에 비유될 수 있기 때문에 인간의 모든 활동에도 적용되는 말이다. 그리고 살아가면서 최후의 일각까지 최선을 다하는 모습이 가장 아름다우며 이를 가능하게 하는 힘도 엉덩이에서 비롯된다.

나는 지금까지 엉덩이 힘으로 살아왔다. 그런데 지금의 내 엉덩이는 살이 빠져 볼품없이 뼈만 남아 홀쭉하다. 그래도 뼈 속의 힘은 그대로여서 천만다행이다. 노익장을 과시하며 글을 쓸 수 있는 여력은 아직도 남아있고, 무(無)에서 출발한 수필 창작품을 자랑스럽게 내놓을 수 있다. 엉덩이 힘 덕택으로.

적색 대자보의 위력

도심에 있는 공원에 대자보가 걸려 있다면 사람들은 어떻게 생각할까? 그것도 도시의 행사 홍보용이나 산악회에서 산행을 알리는 플래카드가 아니고, 붉은 천으로 된 적색 대자보라면 사람들은 흔히 볼 수 없는 이질감 때문에 믿으려 하지 않을 것이다.

쾌적한 환경 속에서 건강하고 인간답게 살 수 있는 국민의 환경권 보장을 위해 정부는 무질서한 도시개발을 억제하고, 도시의 자연환경보전과 공해방지를 위한 그린벨트 지정·운영 및 공원조성 등 많은 노력을 한다. 각 자치단체에서도 주민의 삶의 질 향상과 건강증진을 위해 공원을 보건·휴양·놀이공간으로 조성한다. 따라서 공원은 누구나 수시로 드나들 수 있는 공공장소이다. 출입자들이 공공질서 유지를 위해 필요한 사항을 준수해야 하는 이유다.

전주시 중화산동에 있는 화산공원은 도심에 위치하고, 접근성이 좋고, 또 수목이 잘 조성되어 있어서, 새벽부터 해가 질 때까지, 사람들의 발길이 끊이지 않는 평화로운 공원이다.

그런데 2년 전 초겨울 어느 날이었다. 내가 여느 때처럼 산에 올라 열심히 걷고 있을 때, 갑자기 뒤에서 돼지 멱따는 소리가 들려왔다. 깜짝 놀라 뒤를 돌아보니, 60대 초반의 한 남자가 손에

메모지를 들고, 소리를 지르며 걸어오고 있었다. 나는 잠시 비켜서서 그가 지나가기를 기다렸다. 그런데 그 일이 매일 반복되었다. 그는 소리를 연습하는 중이었다.

며칠 후였다. 나는 용기를 내어 그에게 다가가서, 공원은 모든 시민들이 자유롭게 드나드는 공공장소이며, 소리를 연습하는 곳이 아니니 삼가라고 말했다. 그리고 방향이 같아 처음부터 끝까지 동행해야 하는 사람의 입장도 생각해보라고 말했다. 나는 시비를 거느냐고 대드는 그를 입간판이 서 있는 곳으로 데리고 가서 읽어보도록 했다. '고성방가 금지'라고 쓰여 있는 것을 확인하고, 그는 말없이 사라졌다. 그 후 공원은 평온을 되찾았다.

다음 해 봄이었다. 날씨가 풀려 산책시간을 아침으로 바꾸고 일찍 공원에 올랐다. 그런데 갑자기 멀리서 멱따는 소리가 들려왔다. 전에 만났던 그 사람이었다. 나를 피해서 산책시간을 아침으로 바꾸었을 거라는 생각이 들었다. 절이 싫으면 중이 떠나야 한다는 속담이 생각났고, 그 사람과의 내면을 피하기 위해 산책시간을 다시 오전으로 바꾸고, 지금까지 계속해오고 있었다.

하지만 유난히도 더운 한여름, 연일 기록을 경신하는 찜통더위를 피해 아침 일찍 산에 올랐다. 그리고 정상에 이르렀을 때 멀리서 멱따는 소리가 또 들려왔다. 예전의 그 사람이었다. 이젠 한 손에 쥘부채까지 들고 제법 소리꾼 행세를 하고 있었다. 나를 지나치자 멈칫했던 소리를 다시 지르면서 걸어가고 있었다. 나는 진퇴양난이었다. 아침 시간을 택하자니 멱따는 소리를 들어야 하고, 낮 시간을 택하자니 찜통더위가 기다리고 있었다.

며칠 후, 산책시간을 확정하지 못하고 망설이다가 아침 일찍 공원에 오르고 있었다. 길가의 잡초들은 때를 놓칠세라 모두 꽃대를 밀어 올리거나 이삭을 피우고 있었다. 발걸음은 약간 팍팍했지만, 도토리거위벌레들이 깔아놓은 연한 참나무가지 카펫을 밟고, 양 길가에 도열한 잡초들의 환영을 받으며 걷는 기분도 싫진 않았다.

한 패의 노숙자 마삭줄넝쿨도 만났다. 가을이 되려면 아직도 멀었는데 벌써 노랗고 불그스름한 누더기 옷을 걸치고, 길바닥에 누워 있었다. 더위잡고 올라갈 나무가 없는 맨땅에서 태어나 만목(蔓木)의 기능을 상실한 지피식물이 되었다가, 여름 내내 뙤약볕에서 시달려 폭삭 오그라든 노숙자들의 모습이었다. 옆에 있는 큰 나무들을 타고 올라가 호화생활을 즐기고 있는 넝쿨들과는 대조적이었다. 식물이 환경의 지배를 받는다는 것은 상식적으로 알고 있었지만, 출생지에 따른 지역차별을 받고 있을 줄은 꿈에도 생각하지 못했다.

노숙하는 마삭줄을 지나 한참 걷고 있을 때였다. 정상으로 올라가는 삼거리에서 이상한 것이 눈에 띄었다. 적색 대자보였다. 가까이 가서 보니 붉은 천에 흰 글씨로 '고성방가 금지'라고 쓰여 있었다. 그런데 왜 하필 적색 대자보였을까? 구청에서 제작한 걸로 보아서 그를 싫어하는 사람이 나뿐만이 아니라는 생각이 들었다. 산책을 하는 사람들 중 멱따는 소리에 싫증을 느낀 사람들이 구청에 민원을 제기했을 거라는 생각이 들었다.

민원을 접수한 구청에서는 현장에 직원을 파견하여 확인하고, 경고까지 했으나 그는 막무가내였다. 그래서 최후통첩으로 적색 대자보를 걸었다. 더 이상 듣지 않으면 퇴장시키겠다는 강력한 의지를 표명한 레드카드였다.

공원은 평온을 되찾았다. 정담을 나누며 걷는 여인들의 발걸음도 가벼워졌고, 운동기구마다 땀을 흘리는 사람들로 북적거렸다. 여름 내내 길가에서 더위에 얼굴을 찌푸리던 산초나무들도 고사리 같은 연록의 손바닥을 들어 올리며 웃음꽃을 피우고, 가을맞이 꽃단장 준비에 한창이었다. 실감되는 적색 대자보의 위력이었다.

진드기와 애완견

어렸을 때 고향 마을 뒷동산에 있는, 잔디가 잘 가꾸어진 묘지는 마을 어린이들이나 젊은이들이 자주 가는 놀이터였다. 꽃이 피고 아지랑이가 나부끼는 봄이 되면 뒷동산에 있는 묘지로 가서, 잽싸게 달아나는 도마뱀 꼬리를 밟았다. 그러면 도마뱀은 스스로 꼬리를 끊고 달아났다. 도마뱀 시집보내기였다.

때로는 묘에 누워 자기가 거기에 묻혀있는 어른인 양, 성묘하러 오지 않는 자손들에게 버릇없는 놈들이라고 호통을 쳤다. 가을엔 잔디에 누워 높고 푸른 하늘을 바라보며, 하늘 높이 나는 철새들을 보고 가을 노래도 불렀다. 그런데 어렸을 때의 추억이 가장 많이 서려 있던 그 잔디밭이 언제부터인가 기피하는 장소가 되어 버렸다.

몇 년 전 가을이었다. 친구들과 함께 산으로 도토리를 주우러 가기로 약속하고, 아침식사 후 배낭을 메고 집을 나서려 할 때였다. 아내는 나에게 작은 보따리를 내밀었다. 간식거리인 줄 알고 반갑게 받아보니, 축구할 때 신던 스타킹이었다. 아내는 그것을 내밀면서 산에 가면 꼭 착용하라고 당부했다. 그리고 잔디밭에 오래 앉아 있거나 누워서는 절대로 안 된다고 귀가 아프게 말했다.

어렸을 때 논두렁이나 산길을 걸을 때, 자주 발길을 멈추게 했던 것이 뱀이었다. 그런데 그 흔한 뱀을 지금은 산이나 들에서 구경조차 할 수 없었다. 무분별한 남획으로 천적이 사라지자 들쥐들의 천국이 되어버렸고, 그 배설물을 즐기는 바이러스가 성행하여 가을철엔 산이나 들에서 피부노출을 삼가야했다. 생태계의 파괴로 생긴 '유행성출혈열'이나 '쯔쯔가무시'병으로 고통을 받거나 생명을 잃는 사람들이 많기 때문이었다.

나는 등산로 입구에서부터 아내가 준 스타킹을 착용했다. 나의 그 모습을 보고 친구들은 비웃고 있었다. 옛날과는 달리, 지금은 스타킹을 신은 등산객을 보기가 쉽지 않기 때문이었다. 그 후로는 가을에 도토리 주우러 가지 않아서 산에서 스타킹을 착용하는 일은 없었다.

매년 4월말이 되면 나는 일주일에 한두 번씩 가까운 선산에 갔다. 성묘도 하고, 두릅 순도 따고, 고사리를 꺾기 위해서였다. 많은 양을 따거나 채취할 땐 아내도 좋아했지만 걱정거리도 있었다. 채취한 것을 다듬거나 손질할 때 나타나는 작은 벌레 때문이었다. 신경을 써서 깨끗이 처리했는데도 집에 와서 큰 다라에다 붓고 손질할 때 보면 가끔 기어 다니고 있었다.

5월 초 어느 날이었다. 제주도에서 살인진드기 의심환자가 사망했다는 보도에 이어 강원도에서도 사망했다고 보도되었다. 그런데 방영된 살인진드기의 모습이 처음 보는 것이 아니었다. 아주 낯이 익었다. 틀림없이 어렸을 때 소를 뜯기면서 본 그 진드기였다.

어렸을 때 시골에 살던 나는 매일 오후 파리채를 들고 소를 뜯졌다. 소가 꼬리를 흔들며 파리들을 몰아내지만, 몸에 달라붙은 커다란 쇠파리는 꿈적도 하지 않았다. 파리채가 최고였다. 파리채 맛을 보고서야 땅에 떨어졌다.

파리 말고 소를 괴롭히는 것이 또 있었다. 흔히 진둥개라고 부르는 진드기였다. 머리를 모공 속에 박고 있어서 잘 떨어지지 않았다. 큰 것은 검은 아주까리만 했다. 그래서 두 가지가 서로 구별하기 힘든 경우 '아주까리와 진둥개'라는 말을 사용하기도 했다. 일일이 손으로 잡아떼어내고 발로 문질러버렸다.

그런데 그 진드기가 소에만 붙는 것이 아니었다. 여름철에 개가 낮잠을 잘 때 보면 불그스름한 작은 새끼들이 배에 더덕더덕 붙어있었다. 파리약을 뿌려도 소용없었다. 화롯불을 옆에 놓고 하나하나씩 잡아떼어 화형을 시켰다.

그 진드기 때문에 걱정거리가 생겼다. 내가 고사리를 꺾으러 선산에 가려 할 때마다 아내는 걱정스러운 눈치였다. 입산금지령을 내리지는 않았지만, 내가 산에 가지 않기를 은근히 바라는 눈치였다. 산에 가는 것을 포기하자 아내는 몹시 좋아했지만, 나는 더 이상 고사리나 두릅의 맛을 볼 수 없었다.

재수가 지독하게 없다는 말로 '재수 옴 붙었다'는 속담이 있다. '개똥을 밟았다'는 말도 그와 비슷한 표현이다. 어렸을 때 집집마다 풀어놓고 자유분방하게 키우던 개들이 아무 데나 누운 똥을 밟으면 정말 기분이 나빴다. 특히 비가 오는 날이면 더 고약했다. 미끄러져 넘어질 때도 있었지만, 개똥을 밟은 신발을 풀이나 땅바닥에 문질러도 소용없었다. 손으로 떼어낼 수도 없어 툴툴거리며 물에 담가 놓았다가, 부풀면 막대기 토막으로 긁어서 떼어냈다.

요즘은 개를 방사하며 키우는 사람들은 드물다. 그런데 약하려고 찾아도 없다는 그 개똥을 가끔 공원이나 산책길에서 본다. 애완견들의 똥이다. 집에서는 잘도 처리하던 그 똥을 밖으로 데리고 나왔을 때는 무대책이다. 그 똥을 보면서 걷는 사람들은 진저리가 쳐진다. 정말 불쾌하기 짝이 없다.

나는 밖으로 데리고 나온 애완견이 심히 염려된다. 애완견이 길이나 풀밭에 서서 배설을 하다가 진드기에 물릴 경우, 그것이 떨어지지 않고 개에게 붙어 있기 때문이다. 그것도 모르고 주인이 그 개를 안고 자거나 보듬고 다니면 진드기와 공생할 수도 있다는 생각이다. 옴이 붙는 것이 아니라 생명까지 위협하는 진드기가 붙는 꼴이 된다고 말하면 지나친 기우일까? 애완견을 데리고 외출하는 것을 삼가야 하는 이유다.

풍요로운 만찬

6월 말경 어느 주일날 성당에서 있었던 일이었다. 나이가 지긋한 교우 한 분이 땀을 펄펄 흘리며 들어와 내 뒷자리에 앉았다. 그 분은, 때 이른 무더위 때문에 그냥 앉아 있기도 힘든데, 정장 차림인데다가 미사시간에 늦지 않도록 서둘러서 숨이 막힐 지경이었다. 자리에 앉자마자 통로에 있는 선풍기에 손을 내밀었으나 선풍기는 잘 작동되지 않았다. 선풍기는 옆에 앉아 있는 교우의 도움으로 겨우 돌아가고 있었다.

잠시 후 벤치 끝부분에 앉아있는 자매 한 분이 갑자기 나를 쳐다보고 더우냐고 물었다. 그 어투나 표정으로 봐 선풍기바람이 싫다는 뜻이었다. 나도 매일미사와 성가 책장이 선풍기의 바람에 자꾸 날리는 통에 불편했지만, 싫다는 말도 못하고 참고 있는 중이었다. 그런데 선풍기 옆에 앉아 있다는 이유로 내가 선풍기를 켠 것으로 오해를 받고 있으니 나는 졸지에 오얏나무 밑에서 갓끈을 맨 격이었다.

남한테 오해받는 것처럼 불쾌한 일은 없다. 자기 소행이 아닌데도 의심을 받거나, 그로 인해 사실과 다르게 대우받는 것은 기분 좋은 일이 아니다. 그러나 나는 분위기상 항변할 수도 없어 가타부타하지 않고 일어나 뒤에 있는 빈 좌석으로 옮겼다. 그때 정장차림의 그 교우께서 무안한 듯 웃으면서 선풍기를 껐고, 입당 성가에 이어 신부님이 입장해서 사안은 종결되었다.

나는 8월 늦여름에 많은 오해를 받고 있는 다람쥐 신세가 된 느낌이 들어 미사시간 내내 기분이 개운치 않았다. 하지만 시간이 지나자 참지 못하고 자리를 옮긴 것은 채신머리없는 행동이었다고 생각되었다. 다람쥐의 인내력을 망각한 어리석은 행동이었기 때문이었다.

8월 입추가 지나 숲길을 걸으면 여기저기 널브러져 있는 도토리나무 가지들로 길이 몹시 지저분하다. 머리를 들어 도토리나무를 쳐다보면 다람쥐가 들랑거린다. 자기의 양식인 도토리를 확인하러 다니는 분주한 다람쥐를 보고, 사람들은 다람쥐가 도토리를 따먹기 위해 그 나뭇가지들을 잘라서 땅에 떨어뜨린다고 말한다. 그것은 애먼 오해다.

혐의를 받고 있는 다람쥐는 도토리를 따먹기 위해 가지를 잘라 땅에 떨어뜨릴 만큼 영악한 동물이 아니다. 자기가 달려가는 줄로 착각하고 쳇바퀴를 계속 돌리는 어리석은 동물이다. 양식이 떨어질 때를 대비하여 가을에 땅속에 묻어놓았던 도토리를 찾지 못할 만큼 기억력이 둔한 동물이다. 그러나 그 도토리가 발아되어 숲의 건강이 유지된다니 다람쥐는 일종의 환경지킴이이기도 하다.

도토리거위벌레의 성충은 5월이 되면 번데기가 되고, 우화과정을 거쳐 도토리거위벌레로 태어나 도토리나무 위로 올라가 짝짓기를 하고, 도토리나무 연한 가지 속에 알을 낳는다. 그리고 그 도토리가 달린 가지의 줄기를 주둥이로 잘라내어 땅에 떨어뜨린다. 부화한 유충이 쉽게 먹을 수 있도록 알맹이가 단단히 익기 전에 서두르기 때문에 8월 초 입추 무렵이면 그 가지들을 볼 수 있다.

그런데 다람쥐가 잘라놓은 도토리나무 가지에서 주운 도토리로 묵을 쑤어 먹었다고 표현하는 사람들이 많다. 그것은 사실을 왜곡한 잘못된 표현이며 내가 이 글을 쓰는 이유다.

떨어진 가지들을 보면 이파리가 반드시 몇 개씩 붙어있어 지저분해 보인다. 그 이파리는 가지가 땅에 떨어질 때, 가지 속에 있는 거위벌래알의 안전을 위해 충격을 완화시켜주는 완충장치 역할을 한다. 낙하산의 원리이다.

도토리 속에 들어 있는 알은 8월이 지나면 유충으로 부화하여 도토리의 과즙을 먹고 산다. 가을철에 도토리를 주워서 말릴 때 가끔 도토리 속에서 나와 기어 다니는 상당히 큰 하얀 성충을 볼 수 있는데, 그 성충이 겨울이 되면 땅속에 들어가 겨울을 나고, 봄이 되면 도토리나무 위로 올라간다. 도토리거위벌레의 한살이이다.

다람쥐는 자기의 소행이 아니라고 항변하지 않는다. 자기에게 누명까지 씌우면서 양식을 절취해간 도토리거위벌레를 원망하지도 않는다. 시간이 지나면 다 해결될 거라고 믿고 있기 때문에 묵묵히 참는다. 기다림의 묘미를 아는 다람쥐의 여유다. 그래도 틈만 있으면 도토리나무 위를 들랑거리며 자기 양식을 확인한다.

8월 늦더위에 땅 위에 널브러져 있는 도토리나무 가지들은 도토리거위벌레가 가을을 퍼 올리는 마중물이다. 그 물로 백로, 추분 ,한로, 상강의 물을 차례로 퍼 올리면, 기승을 부리던 뙤약볕은 숙지고, 푸르고 싱싱하던 이파리들은 쇠진하여 빛을 잃는다. 그리고 나무가 이파리 속에 숨기며 익히던 탱탱한 열매를 더 이상 버티지 못하고 내려놓으면 다람쥐의 잔치가 시작된다. 꼬리를 흔들며 두 앞다리로 도토리를 들고 즐기는 모습을 보는 사람마다 부러워한다.

은인자중치 못하고 경솔했던 내 처신을 비웃기라도 하는 듯이 기다림의 여유를 만끽하는 느긋하고 풍요로운 다람쥐의 만찬이다.

훈수꾼

모 고등학교운영위원장인 내가 회의에 참석하기 위해 어느 선생님의 승용차를 타고 학교에 가고 있을 때였다. 그 학교 교장선생님과 운전하는 선생님은 전에 내가 모 고등학교교감으로 근무할 때 같은 학교에서 평교사로 근무했었다. 그래서 교장선생님의 부탁으로 그 선생님은 집에서부터 나를 픽업 중이었다.

수업에 지장이 없는 저녁시간에 회의를 개최하기 때문에 오후 늦은 시간이었다. 교통이 매우 혼잡하여 들려오는 라디오방송을 들으며 서행하고 있었다. 대선에 출마할 모 후보자에 대한 전문가의 정책 대담에 이어, 재래시장에서 열흘째 천막농성 중인 상인과의 대담이 방송되고 있었다. 대형마트 영업시간에 대한 불만 때문에 혼자서 농성 중이었단다.

"대형마트 때문에 재래시장이 활성화가 안 된다는데 그게 사실인가요?"

뜬금없는 선생님의 질문에 내 경험담을 들려주었다. 나는 아내를 따라 재래시장에 갈 때마다 입이 튀어나왔다. 포터인 나는 주차장까지 그 무거운 짐을 두 손으로 일일이 나르며 여러 번 왕복해야 했다. 자연히 소비되는 시간도 많지만, 재래시장에서는 살 물건도 한정되어 있어서, 어차피 대형마트에 또 들려야 했다. 따라서 지금 벌이고 있는 농성은 소비자인 고객 입장은 전혀 고려하지 않고 상인들 입장만 대변하는 행위라고 말했다.

"지금은, 학생들도 마찬가지이지만, 젊은 사람들이 힘든 일은 아니하려고 합니다. 무거운 짐을 들고 왔다 갔다 하는 일은 두말할 나위도 없지요."

선생님은 내 말을 듣고 재래시장에서도 카트 정도는 자유로이 끌고 다닐 수 있도록 시설을 정비해야 한다고 말했다. 그러나 나는, 좌판을 벌이고 있는 노점 상인들도 문제가 되지만, 운영상 어려움이 있을 거라고 했다.

"이 방송 자주 들어요?"

방송프로 내용이 별로 마음에 들지 않아서 내가 하는 말이었다. 나는 공익성과 공정성 그리고 보편타당성이 방송의 생명이라고 생각하고, 지엽적인 사회적 불만을 전 국민의 불평처럼 침소봉대하여 방송하는 것은 공익에 별 도움이 되지 않는다고 생각하고 있었다.

"별로 좋아하지는 않지만, 음악 프로 때문에 가끔 듣습니다."

그 선생님은 내 말을 알아듣기라도 한 듯 얼버무리며 대답했다. 나는 그 방송 청취를 삼가라고 말하지는 않고, 그런 부정적 대담을 자주 들으면 자기도 모르게 머리에 각인되어 매사에 부정적 사고를 갖게 된다고 말했다. 하지만 사공이 많으면 배는 산으로 올라가고, 훈수꾼이 많으면 판이 깨진다는 훈수의 역기능을 잘 알면서도, 나는 본의 아니게 그 선생님에게 훈수를 하고 있었다는 생각이 들었다.

내가 어렸을 때 여름철 한나절에는 어린이나 어른 할 것 없이 마을의 남자들은 모두 모정에 모였다. 큰 느티나무가 만드는 그늘도 좋았지만, 파란 벼들을 살랑이며 들판에서 불어오는 시원한 바람은 그곳에 모인 사람들을 살찌게 했다.

어른들에게 쫓겨나지 않으려고 한쪽에서 조용히 땅따먹기나 고누를 두고 있던 우리들은 갑자기 들려오는 어른들의 시끄러운 소리를 매일 들을 수 있었다. 훈수꾼들 때문에 동네장기가 되어 판을 뒤엎는 소리였다.

판을 벌이면 구경꾼은 모인다. 구경하다 보면 힘없이 죽는 말을 그냥 보고 있을 사람은 아무도 없다. 그래서 모두 훈수꾼이 된다. 자기의 신분을 잊고 구경하던 도둑이 죽어가는 차를 보고 "저 차, 저 차"하다가 신분이 노출되어 잡혔다는 일화는 장기깨나 둘 줄 아는 사람은 모르는 사람이 없지 않은가.

판이 조용히 끝나는 경우는 거의 없다. 훈수꾼들 때문에 기수(棋手)가 자기 마음대로 두지 못하고 우왕좌왕하며 동네장기가 되고, 성질이 급한 기수가 판을 엎어버려야만 판은 끝난다. 하지만 다른 소일거리가 없기 때문에 다음날도 똑같은 판이 반복된다.

요즘은 훈수꾼과 기수를 구분하기 힘들다. 판이 벌어지면 요란한 훈수꾼들이 판을 차지하기 때문이다. 가장 인기 있는 훈수꾼들은 정치인들이다. 판이 벌어지면 대형버스로 응원단까지 데리고 쫓아가서 훈수를 한다. 때로는 정치적 생명이 걸린 듯 목숨을 담보로 하는 훈수까지도 서슴없다. 그러면 그 다음날 신문과 방송에 대서특필된다. 인기훈수꾼이기 때문이다. 그들을 홍보하는 언론인들도 훈수꾼이기는 마찬가지다.

나도 직업상 훈수꾼이었다. 학생들이 모여서 판을 벌이면 가르친다는 명분으로 앞에서 이런저런 훈수를 했다. 그리고 내 훈수는 절대적이고 권위 있는 훈수여서, 훈수를 듣지 않는 학생들이 있으면 타이르기도 하지만, 혼내주기도 하고, 처벌도 했다. 학생들은 나를 카리스마가 있는 훈수꾼이라고 불렀다.

퇴직을 한 뒤에도 나는 여전히 훈수를 한다. 마음에 들지 않는 일을 보면 어김없이 훈수를 한다. 상황이 달라 내 훈수는 듣는 사람 마음이지만 그래도 훈수를 한다. 강요할 수도 없고, 화를 내면서 판을 뒤엎을 수도 없는 이빨 빠진 호랑이 훈수꾼인 줄 알면서도 훈수를 계속한다. 나는 타고난 훈수꾼이다.

울력꾼

제5부

추억 속의 새들

기적은 주님의 몫

인간의 힘으로는 불가능한 일을 기독교에서 성령의 힘으로 이루어내는 일을 기적이라 한다. 그리스도를 믿지 않는 사람들도 기원전 14세기경에 이스라엘 민족을 이집트로부터 구출하기 위해 모세가 일으킨 기적을 잘 알고 있다. 그것을 모세의 기적이라고 한다. 그러나 그것은 오해다. 모세가 기적을 일으킨 것이 아니라 모세의 기도에 주님이 응답한 것이기 때문이다.

구약성경 열왕기에 나오는 엘리야는 이자벨이 자기를 죽이려 하자 목숨을 구해 달아나면서 싸리나무 아래에서 잠이 들었다. 천사가 나타나 깨우면서 준 빵과 물로 힘을 얻어 사십 일 동안 아무 것도 먹지 않고 밤낮으로 걸어 호렙산으로 올라갔다. 거기에서 엘리사에게 기름을 부어 자기 뒤를 이을 후계자로 삼았다. 엘리야와 엘리사 둘 다 많은 기적과 관계가 있다. 그 중 공통점이 있는 것을 비교해 보는 것도 성경 공부에 많은 도움이 된다.

그들은 이방인들에게 전능하고 살아있는 하느님은 야훼뿐이라는 것을 기적을 통해 보여주었다. 그들은 또 과부에게도 기적을 보여주었다. 하지만 그들이 일으킨 기적 중 가장 압권은 죽은 과부의 외아들을 살리는 기적이었다.

과부는 고아나 병자와 함께 의지할 데 없는 약자 중 약자였다.

주님께서는, 그들의 유일한 희망인 외아들마저 떠난다면 그들의 삶이 몹시 고통스러울 것을 알고, 죽은 외아들을 다시 살아나게 하는 기적을 보여주셨다.

엘리야가 머물고 있는 과부의 아들이 병들어 숨을 거두자 그 과부는 엘리야에게 자기와 무슨 상관이 있다고 자기한테 와서 자기의 죄를 일깨워주고 아들을 죽게 했느냐고 불평을 했다.

엘리야는 과부의 품에서 아이를 받아 안고, 자기가 거처하는 다락방으로 올라가서 잠자리에 뉘인 다음, 세 번 엎드려 몸과 몸을 맞추고 야훼께 기도하였다. 아이가 소생하자, 엘리야는 아이를 데리고 내려가 어머니에게 주었다. 그 여인은 엘리야야말로 과연 하느님의 사람이요, 엘리야가 전하는 야훼의 말씀이 참임을 알았다고 고백했다.

스넴을 지날 때 한 부유한 여자로부터 극진한 대접을 받은 엘리사는 그 여자가 아이를 낳지 못한다는 것을 알고, 자기가 받은 호의의 대가로 그 여인이 아들을 갖게 해주었다. 그 아이가 자라서 곡식을 거두는 사람과 함께 있는 자기 아버지한테 나갔다가 아파서 돌아왔으나 어머니 무릎에 누워 있다가 죽고 말았다. 그 여자가 엘리사에게 자기 아들이 죽은 사실을 고하면서 원하지도 않은 아들을 주어 가슴만 부풀렸다가 낙담하게 하는 이유가 무엇이냐고 항의하였다.

엘리사가 집 안에 들어가 보니 아이는 죽어서 자기 침상에 뉘어있었다. 그는 문을 닫았다. 안에는 둘뿐이었다. 주님께 기도를 드린 다음 침상에 올라가 자기 입을 아이의 입에, 자기 눈을 아이의 눈에, 자기 손을 아이의 손에 맞추고 그 위에 엎드렸다. 이렇게 아이의 몸 위에 수그리고 있자 아이의 몸이 따뜻해지기 시작했다.

그는 내려와서 집 안을 이곳저곳 한 번씩 걷더니 다시 침상에 올라가 아이 위로 몸을 수그렸다. 그러자 아이가 재채기를 일곱 번 하고는 눈을 떴다. 부인을 불러 아이를 건네주었다. 여인은 예언자의 발 앞에 엎드려 절을 하고 아이를 데리고 나갔다.

두 예언자들이 기도하는 장면을 눈여겨볼 필요가 있다. 구약에서는 죽은 사람의 사체를 만지기만 하여도 부정하기 때문에 몸을 깨끗이 하고 일정한 기간이 지나야 정화가 되었다. 그런데 과부의 외아들이 죽었을 때, 두 예언자들은 죽은 이와 단 두 사람만이, 아무도 보지 않은 곳에서, 몸과 몸을 대고 하느님께 기도하였다. 그러자 하느님이 기적을 일으키시어 외아들을 살려주셨다.

신약복음서에서도 예수께서는 죽은 과부의 외아들을 살리는 기적을 일으키셨다.

예수님께서 많은 군중과 제자들과 함께 나인 고을 성문 가까이 이르셨을 때, 마침 사람들이 죽은 이를 메고 나오는데, 그는 외아들이고 그 어머니는 과부였다. 고을 사람들이 큰 무리를 지어 그 과부와 함께 가고 있었다. 주님께서는 그 과부를 보시고, 가엾은 마음이 드시어 그에게 울지 말라고 이르시고, 앞으로 나아가 관에 손을 대셨다.

"젊은이야, 내가 너에게 말한다. 일어나라."

메고 가던 사람들이 멈추어 섰을 때 예수께서 말씀하셨다. 그러자 죽은 이가 일어나 앉아서 말을 하기 시작했다. 예수님께서는 그를 그 어머니에게 돌려주셨다.

과부의 외아들을 살린 두 예언자의 기적과 예수님의 기적은 달랐다. 두 예언자는 야훼하느님께 기도를 했지만, 예수님께서는 죽은 이를 본 즉석에서 그리고 많은 군중들 앞에서, 몸과 몸을 대는 기도로서가 아니라 말씀으로서 살리셨다. 예수님은 주님이시고, 기적은 주님의 몫이기 때문이었다.

- (빛무리 23집)

바늘과 실

지난 1월 17일, 이병호(빈첸시오) 주교님의 집전으로 있었던 2013년도 사제·부제 서품식에서 5명의 사제와 6명의 부제가 탄생했다. 예수님을 대신한 주교님의 부르심에 서품자들이 "예, 여기 있습니다."하고 크게 응답하자, 주교님은 각각 서품 대상자들을 주님께 추천한 다음, 스티브 잡스가 미국 스탠포드대학에서 강연한 내용을 인용하여 새로 탄생할 부제와 사제, 그리고 참석한 모든 신자들에게 참 그리스도인으로서 살아가는 방법에 대해 강론했다.

열일곱 살이 되던 해 잡스는 하루하루가 자기 생의 마지막 날인 것처럼 살면 언젠가 괜찮은 사람이 될 것이다'라는 글을 읽었다. 그 영향으로 33년 동안 매일 아침 거울을 들여다보면서, 만일 그날이 자기 생의 마지막 날이라면 자기가 하고자 하는 일을 할 수 있을 것인지 자문했다. 부정의 답이 나올 때마다 다른 선택을 할 수 있었으니, 잡스에게 죽음은 변화를 꾀할 수 있는 큰 도구가 되었고, 죽음을 기억함으로써 자신을 비울 수 있었다.

주교님은 하느님께서는 강한 자들과 지혜롭다는 자들을 부끄럽게 하려고 약한 자들과 어리석은 자들을 당신의 복음 전달자로 선택하셨으니 잡스처럼 항상 비우고(naked), 허기를 느끼고

(hungry), 바보처럼(foolish) 살아가는 것이 참 그리스도인의 길이라고 강론을 마쳤다.

바보는 어리석고 멍청한 사람을 얕잡아 보거나 욕으로 이르는 말이다. 그러나 바보는 거짓말을 하지 않는다. 욕심을 부리지도 않는다. 이익을 취하려고 남을 속이지도 않는다. 눈으로 보고 떠오르는 그대로 말하는, 가식이 없이 직관으로 살아가는 사람들이다. 어리석어 보이는 바보야 말로 가식이 없는 순수한 인간 본연의 모습이다. 주교님이 잡스의 말을 인용해서 바보처럼 어리석게 살아가라고 강조한 이유다.

사람들은 영원한 사제이신 예수님을 착하신 목자라고 부른다. 삯을 받으면서 받은 만큼의 일만을 하는 삯꾼이 아니라, 길 잃은 한 마리 양도 방치하지 않고, 성실하게 끝까지 돌보시는 희생적인 목자이셨기 때문이다.

오늘 이 자리에 있는 11명의 사제·부제는 예수님의 부르심을 받고 이제 첫 관문을 통과하였다. 그 문은 좁고 험난하고 힘들어서 일단 통과하면 밝은 세상이 전개되는 것처럼 느껴져 주교님의 호명에 "예. 여기 있습니다."하고 큰소리로 응답하였다. 지켜보는 모든 사람들도 그들을 축하해주었다. 하지만 항상 또 다른 좁은 문이 기다리고 있다는 사실을 기억해야 한다.

예수님을 따랐던 사도들은 예수님의 부르심에 응답한 사람들이었지만 예수님의 말씀을 제대로 알아듣지 못했다. 예수님의 물음에 동문서답할 때도 있었고, 죽은 지 3일 만에 부활한다는 것을 여러 번 말했지만 사도들은 알아듣지 못했다. 예수님이 십자가에 못박혀 돌아가시자 뿔뿔이 헤어졌고, 토마스는 부활하신 예수님과 함께 있었다고 말하는 사도들의 말도 믿지 않았다.

복음서에서 예수님은 제자들을 바늘에 비유하셨다. 오직 재산 모으기에만 혈안이 되어 있는 욕심 많은 부자들과 낙타가 통과할 수 없는 작은 바늘귀를 가진 바늘이었다. 그러나 어리석은 제자들은 그 말도 알아듣지 못했다.

바늘은 옷 따위를 짓거나 기울 때 쓰이는 뾰족하고 가늘고 긴 강철로 된 용구이다. 바늘은 실이 없다면 무용지물이다. 그래서 '바늘 가는 데 실이 간다.'는 속담도 있다. 으레 따르게 되어 있는 두 사람이나 사물의 긴밀한 관계를 이르는 말이다.

바늘에 사용되는 실은 여러 종류가 있다. 흔히 사용하는 보통 실도 있지만, 사용하기 어려운 털실도 있다. 털실은 두꺼워 사용하기가 거북스럽지만, 입에 넣고, 침을 바르고, 끝을 뾰족하게 한 다음, 바늘귀에 꿰어 넣기만 하면 바느질이 가능하다. 이와 같이 모든 실을 도구로 사용하려는 의지와 바늘귀에 꿰어 넣으려는 정성과 자세, 그것이 사제가 지향해야 할 길이라고 생각된다. 사제가 바늘이라면 신자들은 실이기 때문이다.

사람들은 가지각색이다. 자기 스스로 자기가 할 일을 알아서 하는 사람도 있지만, 남을 힘들게 하는 사람들도 많다. 말과 행동으로 모범을 보이며 다스릴 수 있는 경우도 있지만, 그렇지 못한 경우도 있다. 그래서 사람 다스리기가 힘들다고 말한다. 여러 종류의 사람을 상대하는 사제의 길이 순탄치만은 않은 이유다.

그러나 아무리 바빠도 '바늘허리 매어서는 못쓴다.'는 속담도 있다. 실이 제자리에 꿰어있지 않으면 바늘은 무용지물이란 뜻이요, 서두르지 말고 끝까지 인내심을 가지고 노력하라는 경구이다.

잡스처럼 자신을 비우면서 변하고, 자기를 따르지 않는 부자와 낙타까지도 자기 바늘귀에 꿰겠다는 일념으로 정진하는 바보가 되어야 한다는 주교님의 가르침을 잊어서는 안 된다. 한 마리의 양도 길을 잃지 않도록 하는 착한 목자가 되어야 한다는 각오 말이다.

부디 신자들이 추종하는 부제·사제가 되기를 진심으로 기도하며, 학사와 부제생활을 통해 자신의 변화를 꾀하면서 갈고 닦은 진면목을 실현하는 알찬 생활이 되기를 주님께 기도드린다.

부채질

한번 실패한 경험 때문에 힘들어 하고 소극적일 때, 똑같은 방법으로 다시 시도해 보도록 유도하거나 훈수하면, 왜 불난 데 부채질을 하느냐고 불평하면서 신경질을 내는 사람들이 많다. 덴 불에 대한 두려움 때문에 같은 실패를 하고 싶지 않다는 뜻이지만, 부채질의 의미를 잘 이해하지 못하는 사람들이다.

요즘은 선풍기와 냉방기 때문에 부채의 사용이 줄어들었지만, 내가 어렸을 땐 부채는 여름철 필수품이었다. 저녁식사를 마치면 온 식구들은 각자 자기 부채를 하나씩 들고 마당에 깔아놓은 멍석에서 부채질을 하면서 시간을 보내기 일쑤였다. 친구들을 만나기 위해 밖으로 나갈 때도 꼭 들고 다니는 것이 부채였다.

시원한 바람을 일으키는 부채는 더위를 식혀주는 데 그만이었지만, 갑자기 달려드는 모기나 파리를 쫓아내는 데도 유용했다. 부채가 부상병이 되거나 더 이상 쓸모없을 정도로 쉽게 망가지는 이유였다.

부채의 다양한 모양과 새겨진 그림이나 글씨는 사람들의 정서 순화에 일정한 역할을 했다. 새 부채를 구하면 친구들과 부채의 그림을 자랑하면서 비교하기도 했다. 그리고 접부채는 소리꾼이나 고전무용수들의 소중한 소품이었지만, 한량들이 멋을 부리는

데도 필수품이었다.

부채는 불을 피우는 데도 필요했다. 불을 붙이고 불꽃을 살리기 위해 입으로 바람을 불다가 연기 때문에 눈이 따가우면 고개를 돌리고 부채질을 했다. 불이 잘 타도록 부치는 것이 부채질이기 때문에 화가 난 사람에게 화를 돋우는 훈수도 부채질이라고 했다.

구경 중에는 불구경이 최고라고 말하는 사람도 있다. 활활 타오르는 것을 보면 속이 후련하고 스릴이 있단다. 한번 불을 지른 경험이 있는 사람은 그 맛을 잊지 못하고 또 불을 지르는 경향이 있어 상습적인 방화범이 된다. 그들은 불구경 외에도, 실의에 빠져 허둥지둥하는 사람들의 모습을 보는 것도 재미가 있다고 말한다. 그것은 테러리스트들이나 사이코패스와 같은 정신적으로 건강하지 못한 사람들이 저지르는 퇴행이다.

어렸을 때 무심코 마당에 쌓아놓은 짚더미에 불을 지른 경험이 있는 친구는 그때의 광경을 떠오르기만 해도 겁이 나서 숨이 막힌다고 한다. 화재로 인한 재산상의 손실과 몸에 입은 화상뿐만 아니라 고통스러웠던 정신적 트라우마 때문이다. 그래서 삼악성 중에 하나인 '불'이라는 소리만 들어도 대부분의 사람들은 지겨워하고, 소방차의 경적소리만 들어도 불길하게 여긴다.

한번 실패한 경험이 있는 일을 같은 방법으로 하도록 충동질하면 부채질로 간주하고 겁을 먹는 이가 많은데, 그것이 수행하기에 지겨운 것으로만 치부하고 외면해야 할 것인지는 생각해 볼 문제다.

문론 힘든 일을 좋아하는 사람은 없다. 누구든지 굴곡이 없고 평탄하며 안이한 생활을 원한다. 하지만 어디 그게 뜻대로만 되는 일인가? 오히려 그런 생활은 역동적이지 못하기 때문에 지루하고 쉽게 싫증을 느끼기 십상이다.

살아가는 동안에 생기는 어려움은 필수다. 당연히 실패가 뒤따를 때가 많다. 그러나 실패는 성공의 어머니라는 속담처럼 위기를 기회로 만들기 위해서라도 다시 도전할 줄 알아야 한다. 다시 불을 지르고 잘 타오르도록 부채질을 해야 한다. 부채질은 도전하라는 충동이고 신호이다.

한번 실패한 것을 피하고 포기하면 그 문제는 영원히 해결될 수 없다. 당연이 발전이나 진보도 기대할 수 없다. 실패했던 일을 다시 해보도록 촉구하는 부채질은 도전정신을 일깨워주는 창조의 출발점 행동이다.

부채질하라는 충동을 받고 도전하는 것은 불을 붙이는 일이다. 불붙임은 삶의 동력이요, 살아있는 그리고 살겠다는 본능적 신호이다. 화재가 두려워 궁상맞게 미적거리기만 하고, 불을 붙이지 못하면 스릴이 있는 불구경조차도 할 수 없다. 불을 지르고 부채질을 하는 것은 더 나은 생활을 위한 발버둥이다.

모든 변화의 원동력은 바람이고, 그 바람의 위력은 부채질의 강도에 의한다. 따라서 부채질은 변화의 변속기이다.

규모가 가장 크고 일 년 내내 꺼지지 않고 불이 계속 타오르고 있는 곳은 산야이다. 자연이 점화한 산야의 불은 부채질의 강도에 따른 불의 색깔이 다양하기 때문에 계절에 상관없이 변함없는 상시 관중수를 확보하고 있다.

봄바람이 불어와 겨우내 얼어붙었던 땅이 녹으면 온갖 아름다운 꽃이 피어난다. 하얀 매화에 이어 노란 산수유와 생강나무의 꽃은 벌써 파릇파릇 돋아나는 이파리 때문에 빛을 잃어가고 있다. 길가에 피어 있는 이름 모를 작은 들꽃과 새로 돋아나는 이파리들도 싱싱한 봄바람을 즐기고 있다. 연분홍 진달래와 노란 개나리에 이어 철쭉이 한창 자태를 뽐내고 있다. 나는 봄 냄새 물씬한 나물을 담을 배낭을 걸머메고 천천히 산에 오르고 싶다. 봄바람을 일으킬 부채질을 하면서.

선무당과 고해성사

퇴직자들끼리 하는 모임에서 있었던 일이었다. 한 친구가 정년 퇴임도 했으니 신앙생활을 하면서 조용한 시간을 갖고 싶을 때가 있지만, 교회로 가야할지 성당으로 가야할지 결정을 못하고 망설이고 있다고 말했다. 그 말이 떨어지자마자 오랜 신앙생활을 한 친구가 자기 교회로 오면 자기가 기꺼이 도와주겠다고 말했다. 구교보다는 신교가 좋다면서 구교의 폐습을 설명해주고 있었다.

로마가톨릭교회의 지나친 세속화로 부패와 타락 때문에 사회적·정치적 개혁운동이 일어났을 때, 종교개혁자들은 신이 아닌 신부가 인간의 죄를 사(赦)해 준다는 것은 모순이라고 지적했다. 인간과 신 사이의 직접 대화를 가능하도록 하기 위해서는 신부제도를 폐지해야 한다고 주장하여 신부제도를 폐지했다. 따라서 신부가 없는 교회가 여러 가지 면에서 편리하다면서 자기 교회로 나오도록 권하고 있었다.

친구가 말하는 것은 고해성사다. 일곱 가지 성사 가운데 하나인 고해성사는, 세례 전에 범한 죄에 대해 사함을 받는 세례성사와는 달리, 세례 뒤에 범한 죄에 대하여 사제(司祭)에게 고백하고 용서를 받는 의식이다.

하지만 친구는 고해성사에 대해 잘 모르고 있었다. 신부가 신이 아니고 인간이기 때문에 고해성사로 죄를 사하고, 보속으로 기도하도록 하는 것은 성경에 어긋난다고 했다. 그 말을 듣고, 나는 황당한 생각이 들었다. 성경을 두 번이나 완필한 경험이 있기 때문에 사제가 죄를 사할 수 있는 사명에 대하여 나는 자신 있게 말할 수 있었다.

"신부가 신자의 죄를 사해 주는 것은 신부가 임의대로 하는 것이 아니고, 예수의 말씀에 순명하는 것이네."

내 말을 들은 그 친구는 말도 안 되는 소리라며 얼굴을 붉혔다. 복음서에 그 내용이 분명히 명시되어 있다는 내 말을 듣고, 자기도 성서를 여러 번 읽어서 잘 알고 있다며, 복음서에는 그런 내용이 절대로 없다고 주장했다. 나는 다른 교인들한테서도 그 이야기를 여러 번 들은 적도 있었고, 또 그 친구가 너무나 확신을 가지고 말하는 바람에, 친구가 읽는 성서에는 그 내용이 없는지도 모른다고 생각했다. 그래서 나도 복음서를 다시 잘 읽어볼 터이니 한번 검토해보사고 말하고 친구와 헤어졌다. 집에 도착하자마자 성경을 폈을 때 내가 말한 것이 틀리지 않았음을 확인했다.

그 다음 모임에서 나는 복사해 간 것을 친구에게 주었다. 그것을 읽은 친구는 도저히 믿을 수 없다는 듯이 고개만 갸우뚱했다. 두 사람의 대화를 듣고 있던 다른 친구가 옆으로 왔다. 그 친구도 교회에 다니는 친구였다. 말이 안 된다고 큰 소리를 치며 읽어보더니 그도 꿀 먹은 벙어리가 되었다.

"너희가 누구의 죄든지 용서해 주면 그가 용서를 받을 것이고, 그대로 두면 그대로 남을 것이다."라고 예수님께서 제자들에게 말씀하신 요한복음 내용이었다. 나는 그들의 의심을 풀어주려고 일부러 개신교에서 사용하는 성서를 복사했었다.

종교개혁자들은 신과 인간이 직접 대화하기 위해서는 중간존재인 신부제도가 필요 없다고 주장했다. 그러면서도 자기들의 주장과 상치되는 복음서의 내용을 그대로 남겨놓았다. 결과적으로 스스로 자가당착에 빠지는 자충수를 두고 있었다. 자기들 주장대로라면 신이 아닌 목사가 그 이전의 죄를 사해주는 세례성사를 베풀어서는 안 된다는 말 아닌가?

하느님은 한 분이시다. 그리고 성경도 하나다. 그런데 같은 내용을 놓고 자기 교회의 교리는 옳고 다른 교회의 교리는 옳지 않다고 주장하면서 비판하는 일은 어불성설이다. 타 종교의 교리를 비판하려거든 누구나 수긍할 수 있는 근거자료와 명확한 증거를 제시할 수 있어야 한다. 그렇지 못할 경우 상호 비방하는 결과가 되어 해결할 수 없는 분쟁이나 말싸움이 된다.

신앙이란 미약한 인간의 힘으로 해결할 수 없는 일을 하느님을 통하여 성취하려는 행위이다. 하느님을 통하여 자기 자신의 변화를 추구하면서 새로운 삶을 영위하기 위함이니 자신의 변화가 없는 믿음은 신앙이 아니다.

고해성사는 길 잃은 한 마리 양도 찾아 나서고 또 돌아온 탕자도 너그럽게 받아들이는 예수의 사랑을 실천하는 사제와 회개로 자신을 비우고 정화하려는 신자와의 대화의 장이다. 인간이기 때문에 자신도 모르게 저지른 죄악으로부터 벗어날 수 있는 유일한 길이요, 용서로 사람의 마음을 밝혀주는 사랑의 빛이다. 고해성사가 두려워 회피하는 사람은 자기의 죄를 회계할 기회를 얻지 못하고, 주님 앞에 얼굴을 들지 못하는 비겁한 죄인이 된다.

우리나라에는 여러 종교가 혼재해 있다. 종교의 자유가 있기 때문이다. 따라서 배타적인 종교관은 자기가 믿는 하느님마저 작고 옹졸하게 만든다. 서투른 이론으로 생사람 잡는 선무당이 되어서는 안 되는 이유요, 선무당이야말로 고해성사가 필요한 죄인이다.

어느 아침 나들이

한낮 기온이 30도를 훨씬 웃도는 찜통더위가 맹위를 떨치는 8월 중순 어느 날 이른 아침이다. 더위가 사람들의 활동을 힘들게 하지만, 풀들의 생장발육에는 큰 도움이 될 거라는 생각에 무성한 풀 냄새도 맡고, 또 남부시장 새벽시장의 달라진 모습도 보고 싶어 전주천변으로 나들이를 나선다.

오랜 가뭄과 뙤약볕에 지친 모습을 하고 있는 풀들도 많지만, 둔치의 억새와 물가의 갈대는 사람의 키를 훨씬 넘게 무성하다. 억새밭에서 전세살이를 하는 박주가리는 억새가 더위 먹은 틈을 놓치지 않고 사이사이로 살포시 꽃망울을 내밀고 있지만, 같은 처지인 며느리밑씻개는 아직도 작업 중인 양 엉거주춤 쪼그려 앉아 먼 하늘만 바라보며 파란 이파리만 들고 용쓰고 있다.

키가 작은 길가 풀숲에서 터줏대감 노릇을 하던 수크령은 노인 행세를 하려는 듯이 하얀 머리를 곧추세우고 있고, 귀여운 강아지풀은 연신 꼬리를 흔들며 인사한다. 손바닥 크기의 이파리를 달고 있는 도꼬마리는 아직도 때를 더 기다려야 한다며 침묵을 지키고 있고, 왕성한 가지를 뽐내는 도깨비바늘은 언젠가는 매서운 바늘 맛을 보여주겠다는 듯이 두 눈을 부릅뜨고 있다.

이른 아침이어서 노란 꽃을 달고 있는 훤한 달맞이꽃도 드문드문 보이고, 두 개의 파란 관모를 쓰고 합죽하게 웃고 있는 닭의장풀의 귀여운 모습은 앙증하기 그지없다. 가운데는 붉고 둘레에 갈색무늬가 있는 노란 기생초도 화사하게 분단장을 마치고 찾아올 손님을 기다리고 있다.

내가 싸전다리를 지나 한벽루를 향해 걷고 있을 때, 부부로 보이는 나이 지긋한 두 사람이 풀밭에서 무엇을 열심히 뽑고 있다. 엷은 홍자색 꽃이 달린 익모초다. 그 모습을 보니 젊었을 때 익모초의 이파리를 찧은 물을 마시며 얼굴을 찌푸렸던 기억이 떠오른다.

내가 배가 더부룩하고 소화가 잘 안 되는 기미를 보이면, 아내는 더위 먹은 걸로 알고 익모초 이파리를 구해왔다. 그것을 정성껏 찧어, 장독에 하룻밤을 묵혔다가, 다음 날 아침에 마시라고 주었다. 소태같이 쓴 입을 다물지 못하고 인상을 쓰며 안달복달하고 있으면, 아내는 얼른 사카린을 탄 물을 주기도 하고, 눈깔사탕을 눌려주기도 했다.

"누가 더위 먹어서 아침부터 익모초를 뜯고 있으세요?"하고 묻자, 올 여름 같은 무더위에 더위를 안 먹은 사람도 있느냐고 되묻더니, 자기 남편이 더위가 아주 심하다고 한다. 남편이 더위 먹을 때마다 익모초를 채취한단다.

금년 여름은 정말 더웠다. 더구나 전주는 한낮의 온도가 전국에서 최고인 경우가 많았다. 20일이 넘는 열대야 때문에 잠을 설친 사람도 많았다. 천변의 익모초가 사랑을 받을 수밖에.

전주생태박물관의 야생화단지에서 하얀 고깔모를 쓰고 있는 꽃범의 꼬리와 머리에 여러 개의 은비녀를 꽂고 있는 옥잠화, 승천하는 듯 웅장한 자태를 뽐내는 홍자색 부처꽃을 스마트 폰에 담고 돌아올 때, 풀밭에서 무엇을 열심히 뽑고 있는 한 아주머니가 보인다. 꼬리를 흔드는 강아지풀 꽃대다.

"아주머니, 복날도 다 지났는데 웬 강아지를 그렇게 많이 잡고 계셔요?" 하고 묻자, 그 아주머니는 나를 힐끗 쳐다보며 하얀 이를 보이더니, 강아지를 잡고 있는 게 아니고 천연 이쑤시개를 줍고 있단다. 양질의 이쑤시개가 지천에 널려 있다면서 자기 언니 이야기도 들려준다.

이가 부실한 언니가 치과에 갔을 때, 치료를 마친 의사가 치간 칫솔을 사용하느냐고 물었다. 너무 쉽게 부러져서 사용하기가 불편하다고 말했더니, 이쑤시개로 강아지풀 꽃대를 추천해주었다. 말린 꽃대는 정말 훌륭한 이쑤시개였다. 그래서 자기도 뽑고 있단다.

나는 싸전다리를 지나 남부시장에 있는 새벽시장으로 향한다. 새벽시장에서는 전에 보지 못했던 광경이 눈에 뜨인다. 이때쯤은 열무가 한창이었는데 가뭄 때문인지 열무는 구경도 할 수 없고, 대신 많은 상인들의 좌판에는 쇠비름과 비단풀이 소복이 쌓여 있다.

쇠비름은 여인들이 밭을 맬 때마다 골치를 앓던 잡초다. 실컷 호미로 매어 밭고랑에 쌓아두고, 비가 온 뒤에 가보면 다시 살아난다. 공터의 비단풀도 골칫거리다. 마당이나 길가에 나는 비단풀은 잘 뽑히지 않고 잘 뜯어진다. 게다가 상처부위에서 나오는 하얀 뜨물 때문에 손으로 뽑기가 거북하다. 괭이나 호미를 사용해야만 한다. 그런데 그것들이 항암치료제로 인기가 있단다. 특히 쇠비름은 건강식품으로도 각광을 받고 있어 밭에 재배하는 사람들이 많다. 열무김치용 무보다 더 많이 쌓여 있는 이유다.

너무 흔하여 아무 쓸모없는 것처럼 보이는 들풀은 들꽃으로 승화되어 사람들의 정서를 순화시켜준다. 또 사람들에게 식품과 생활용품, 그리고 건강한 생활공간을 제공해 줄 뿐만 아니라, 다른 생명체에게도 포근한 보금자리를 제공해 준다. 잡초라고 마구잡이로 훼손해서는 안 되는 이유다,

오늘 아침 전주천변 나들이는 들풀이 소중한 자원임을 다시 한 번 확인하는 멋진 나들이였다.

- (문학사랑 106호)

용변 유죄

6월 어느 날 오후였다. 날씨가 더워 시원한 바람도 쏘일 겸 나는 여느 때와 마찬가지로 화산공원으로 산책을 나섰다. 이마에 흐르는 땀을 손등으로 문지르며 화산서원비를 지나 한참 올라가고 있을 때, 산에서 내려오던 한 남자가 내 앞 정면에 서서 거시기를 내놓고 실례를 하고 있었다.

"어이, 이게 무슨 짓이야?"

하도 어이가 없어서 내가 큰소리로 외쳤다. 그런데 그 사람은 못 들은 체, 마치 물건 자랑이라도 하려는 듯이 빳빳이 서서 작대기를 바치고 있었다. 나는 다가가 멀쩡한 사람이 무슨 짓이냐고 계속 호통을 쳤다.

"어디, 멀쩡한 사람이 길에서 용변 보는 걸 보았어요? 죄송합니다."

조금 뒤에 서 있던 여인이 내게로 오더니 말했다. 부인이었다. 중풍으로 고생을 하고 있는 남편에게 운동을 시켜야 한다는 말을 듣고, 사정사정하여 간신히 산으로 데려 왔는데, 뜻하지 않은 용변 때문에 벼락을 맞았으니 남편이 다시는 운동을 하려 하지 않을 거라며 울상이었다. 사정을 듣고 보니 딱하였다. 나는 적당한 표현을 찾지 못해 어물정하니 말을 흐리며 지나쳤지만 신중하지 못한 처신이 부끄러웠다. 용변 때문에 일어난 해프닝이었다.

생물체가 생명을 유지하기 위해 필요한 것을 섭취하고 불필요한 것을 배설하는 일을 물질대사 또는 신진대사라 한다. 생물체인 사람도 건강하게 살아가기 위해서는 활발한 배설 행위는 필수적이다. 그런데 사람들은 배설행위인 용변을 금기시하고, 다른 사람들이 보는 앞에서 화장실에 가는 것조차 꺼리거나 피한다. 그래서 일어나는 에피소드가 많다.

제18대 대선에선 중단된 금강산관광 문제가 이슈가 되었다. 여당후보는 자기가 대통령이 되면 신변안전을 보장해야 중단된 관광을 재개하겠다고 공약했고, 야당후보는 무조건 재개하겠다고 공약했다.

금강산관광은 김대중 대통령 시절에 시작되었다가 박왕자 피격사건(2008년 7월 11일)으로 중단되었다. 그것이 계기가 되어 사실상 남·북한 간의 교류도 중단되었다. 당일 새벽에 해변을 산책하다가 피살된 사건을 두고, 북측은 박 여인이 군사지역을 침범했다고 주장하고 있었다. 북한은 정부의 진상규명 요구를 거부하고 있어서, 실제로 군사지역을 침범했는지 여부는 밝혀지지 않고 있다. 현 정부는 진상규명과 사고의 재발방지를 보장해야 관광을 재개하겠다는 입장이다.

북측이 우리 측 요구를 거부하며 사실을 규명하지 않고 있기 때문에 확실한 원인은 알 수 없다. 하지만 금강산 관광을 두 번이나 다녀온 나는 그 사건은 틀림없이 용변 때문에 일어났을 거라고 추측한다.

내가 처음 금강산관광을 갔을 땐 숙소는 유람선이었다. 선실에서 숙박을 하고 아침 일찍 도시락을 챙어지고, 작은 배로 이동하여 상륙한 후, 첫째 날은 구룡폭포를 그리고 둘째 날은 만물상을 관광했다. 겨울이어서 빙판 때문에 힘들었지만 무엇보다도 뒤를 따라다니는 북한병사들, 그리고 많은 행동 제약 때문에 관광이라기보다는 살얼음판 위를 걷는 훈련을 받고 있는 기분이었다.

그러나 두 번째는 버스로 북방한계선을 넘어 이동했고, 설치해놓은 천막촌에서 숙박을 했다. 코스도 해금강까지 확대되었다. 주민과의 접촉은 금지되었지만 숙소 인근에 있는 온정마을까지 도보로 자유로이(?) 왕래할 수도 있었다. 나는 친구들과 함께 걸어서 온정마을을 구경한 일이 있었다. 특별한 관람이나 쇼핑을 위해서가 아니라 그저 호기심 때문이었다. 도중에 이따금 몇 명씩 가벼운 옷차림으로 손을 흔들며 웃고 걸어 다니는 주민들을 볼 수 있었지만, 그 사람들도 특별한 용무가 있어서가 아니라 기계적으로 걷고 있다는 인상이 들었다. 그리고 마을에서는 별로 사람을 구경할 수도 없었다.

그런데 돌아오는 길에 갑자기 한 친구가 소변이 보고 싶다고 했다. 아무리 찾아보아도 공중화장실을 발견할 수 없었지만, 그렇다고 노상방뇨도 할 수 없었다. 관광객들이 계속 뒤따르고 있었기 때문이었다. 하는 수 없이 친구는 인적이 드문 틈을 타서 길가에 있는 도랑으로 내려가고 있었다.

"동무, 뭐 하는 기라우?"

느닷없이 완전무장한 북한군이 나타나 총을 들이대면서 소리쳤다. 친구는 놀라서 한참 멍하니 서 있다가 소변을 보려고 한다고 말했다. 그러자 북한군은 그곳에는 화장실이 없으니 빨리 가라고 하였다.

허용된 통로 외에는 들어가지 말라는 사전 교육을 받았지만, 사람들이 계속 줄을 이어 다니는 도로 옆 그 작은 도랑 속에 군인이 잠복하고 있으리라고는 상상도 할 수 없었다. 그만큼 관광객의 일거수일투족을 지근한 거리에서 감시하고 있었다. 놀라서 오줌이 천리나 달아나버린 그 친구는 숙소에 돌아올 때까지 소변을 보고 싶다고 말도 못했다.

새벽에 해변을 산책 중인 박여인은 간소한 옷차림이었다. 그런데 갑자기 용변이 보고 싶었다. 그렇다고 여자가 사람들이 보는 앞에서 실례를 할 수도 없었다. 더구나 노상방뇨는 달러로 벌금까지 물어야 했다. 하는 수 없이 사람들 눈을 피하려고 모래사장을 벗어났다. 그들이 주장하는 대로 궤도 이탈이요, 군사지역 침범이었지만, 여인은 그 사실을 모르고 있었다. 갑자기 잠복 중인 북한군이 나타나 그 자리에 서라고 소리치자, 예상치 못한 돌발사태에 놀란 여인은 무서워서 달아났다. 계속 멈추라는 경고에도 불구하고 달아나는 여인을 보고, 북한군은 사격을 가했다. 틀림없이 용변 때문에 사살되었다.

정부 측이 재발방지를 보장하라고 요구하는 것은 남한 관광객들을 감시할 수 있는 군대를 철수시키라는 뜻으로 해석될 수 있으니 그것은 어려울 것이다. 그렇다고 무조건 관광을 재개하는 것은 또다시 그런 사고의 개연성이 있으니 불안하다. 이를 해결할 수 있는 뾰족한 수가 없어 답답하다. 예나 지금이나 관광에는 용변이 유죄로다.

우이독경(牛耳讀經)

농경사회에서 소는 가장 큰 일꾼이다. 논·밭갈이는 물론 수확한 곡식을 운반하는 데도 소는 절대적으로 필요하다. 사람들이 소를 신주 모시듯이 소중히 다루는 이유다.

소는 순한 동물이다. 외양간에 매어놓은 소는 주인이 들어가 묶여있던 쇠줄을 풀면 밖으로 나갈 줄을 알고, 또 밖에서 집안으로 돌아온 소는 외양간 앞에 이르면 자연히 외양간 안으로 들어갈 줄도 안다.

소를 다루는 데는 별로 말이 필요하지 않다. 동작을 그만하라는 뜻으로 "워~워"나 "와~와", 그리고 고삐에 맨 쇠줄을 잡아당기면서 "이랴. 이랴,"하면 의도하는 방향으로 움직인다. 그 외의 말은 필요가 없다. 그런데 그런 소에게 어려운 경을 읽으면 어떻게 될까? 소도 웃을 일이다.

둔한 사람이 아무리 일러도 알아듣지 못함을 이르는 말로 '쇠귀에 경 읽기'라는 말이 있다. 우이독경이라고도 한다. '워워'나 '와와' 그리고 '이랴'라는 말 외에는 알아듣지 못하는 소에게 어려운 경을 읽어야 무슨 소용이 있겠는가? 알아들을 리 만무하니, 좋은 말만 귀양 보내는 헛수고일 뿐이요, 상대가 소(짐승)만도 못한 사람이라는 비아냥거림이 된다.

어렸을 때 나는 매일매일 어머니의 경 읽는 소리를 들으며 자랐다. 사시사철 밖에서 뛰어놀기를 좋아하는 나에게 어머니는 늘 경을 읽으셨다. 겨울철 비탈에서 미끄럼을 타다가 넘어져 다리를 부러뜨렸을 때도, 논에서 얼음지치기를 하다가 메기를 잡았을 때도, 오후 늦게까지 축구를 해 온몸이 땀으로 범벅이 되어 돌아왔을 때도, 그런 짓 좀 그만 하고 공부하라고 경을 읽으셨다. 그때마다 그렇게 하겠다고 철석 같이 약속을 하지만, 자고 일어나면 그만이었다. 그래도 어머니는 포기하지 않으시고 나에게 경을 읽으셨다.

어렸을 때 나는 새보기를 하면서 우이독경을 체험했다. 올벼(早稻)의 이삭이 패는 8월이 되면 나는 매일 논으로 나가 새를 보아야 했다. 새보기는 벼농사에 피해가 없도록 덜 익은 이삭을 빨아먹는 새를 쫓아내는 일이었지만, 눈 깜짝할 사이에 익지 않은 뜨물을 빨아먹어 논이 엉망이 되었다. 지금은 사라져버린 추억어린 풍경이 되었지만, 새를 보다가 해찰을 하여 새가 빨아먹은 하얀 벼이삭을 보면 어른들은 일 년 농사를 망쳤다고 호통을 치셨다. 새보기가 힘든 이유였다.

넓은 들판에 세워놓은 세막 안에 앉아, 파란 벼 이파리를 살랑이며 불어오는 시원한 바람을 맞으면서 독서나 만화를 즐기며, 한가히 새를 보는 것이 낭만적이라고 말하는 사람들이 있을지 모르지만, 새를 보는 어린이들에겐 어림없는 소리였다. 어린이들이 염천에 새를 쫓으러 나가는 일은 죽기보다도 싫은 일이었다. 게다가 논두렁에 똬리를 틀고 있는 뱀을 만나면 오가도 못하고 서 있었다. 아침이면 새를 보러 나가는 것이 싫어서 꾀병을 앓는 때도 있었다. 달래면서 쥐어주는 간식거리 때문에 억지로 나가긴 했지만.

뙤약볕에 나가지 않고도 새를 볼 수 있는 도구가 팡개였다. 1m 쯤 되는 대나무 한 쪽 끝마디를 십자로 자르고, 나뭇가지를 끼워 만들었다. 그것을 물기가 있는 논두렁의 흙을 찍어서 돌려 뽑아, 그 안에 든 흙을 새가 앉은 쪽을 향하여 던지면서 "우여"하고 소리치면 새들은 날아갔다. 하지만 팡개질을 잘하기 위해서는 상당한 연습이 필요했다.

새끼를 여러 겹 꼬아서 만든 딸기도 있었다. 새끼를 한쪽은 막대기 끝에 매달고, 반대쪽을 점점 도톰하게 꼬고, 끝을 노끈으로 가늘게 꼬아 만들었다. 막대기를 잡고 딸기를 빙빙 돌리다가 반대쪽으로 돌려 도톰한 부분을 땅에 치면 상당히 큰 소리가 났다. 그것이 딸기치기였다. 새들은 그 소리를 듣고 놀라서 날아갔다.

가끔 옆 논에서 새를 보는 친구와 딸기치기 시합도 했다. 큰 소리를 내는 딸기가 이겼다. 그런데 그 시합이 화근이었다. 계속 쳐대는 딸기 소리에 익숙해진 참새는 좀처럼 날아가지 않고, 고개를 이리저리 돌리며 나락을 까먹고 있었다. 우리들은 그런 새를 '까먹새'라고 불렀다. 빈번한 딸기소리가 참새들에게 부정적 강화가 되어 참새들은 까먹새가 되고, 더 이상 겁을 주지 못하는 우이독경(牛耳讀經)이 되어버렸다.

그렇다고 새가 앉을 때마다 뙤약볕에 나가 땀을 흘리며 논두렁을 뛰어다닐 수는 없었다. 그래서 더 큰 소리를 낼 수 있도록 점점 더 길고 굵은 딸기를 만들어야 했다. 나중에는 무거워 들어올리기도 버거운 딸기가 되었지만, 지속적인 나의 노력 끝에 참새들은 놀라서 날아갔다.

사람도 같은 말을 반복해서 들으면 귀찮은 잔소리로 들려 우이독경이 되는 경향이 있다. 하지만 한쪽 귀로 듣고 한쪽 귀로 흘려버리는 마이동풍과는 달리, 점점 강하고 지속적인 자극을 주는 우이독경은 귀 속에 여운이 울림으로 남고, 언젠가는 그 의미를 깨닫게 된다. 점진적 강화의 원리이다.

오늘날 내가 존재할 수 있었던 것은 어머니의 지속적인 우이독경 덕이었다. 강화의 원리를 인용한 우이독경은 인고의 교육방법이요, 세상을 정화시키고 발전시키는 원동력이었다. 그래서 나도 교단에서 학생들에게 우이독경을 많이 했고, 지금도 가끔 아이들에게 우이독경을 한다.

전통혼례식장의 소리들

사람은 살아가면서 매일매일 많은 소리를 듣는다. 그 중에는 듣기 좋은 소리도 있고, 듣기에 거북한 소리도 있다. 듣기 좋은 것을 희성(喜聲)이라 하고, 거북한 것을 악성(惡聲)이라 한다. 어렸을 때 가끔 듣던 삼희성(三喜聲)이나 삼악성(三惡聲)이란 말도 있었지만, 지금은 주거공간과 생활환경의 변화에 따른 영향으로 그런 말들이 기억에서 점점 사라져가고 있다.

초혼(招魂)하는 소리를 들을 수 없으니 아파트의 같은 라인에 살면서도 사람이 죽어가는 것을 모르고, 요란한 자동차 경적소리를 듣고서야 어디에서 불이 났거나 사고가 발생했다고 생각한다. 또 추억어린 다듬이질이나 빨래방망이질 소리는 세탁기 때문에 꿈도 꿀 수 없고, 방음장치와 TV음향 때문에 옆집에서 아기가 우는 소리는커녕 집 안에서 아이들이 책 읽는 소리조차 들을 수 없다.

그렇다고 자기 마음대로 듣기 좋은 소리만을 골라서 들을 수는 없다. 또 평소에 나누던 대화 내용도 연령이나 분위기 그리고 자기가 처한 상황에 따라 그 의미를 달리 해석하고 오해하여 듣기에 거북한 말이 되기도 한다. 같은 소리를 듣고도 희비가 교차하는 이유다. 그래도 사람들은 가급적 듣기 좋은 소리만 듣기를 희망한다.

10월 중순 어느 토요일 오후였다, 구름 한 점 없는 가을 하늘 아래 따사로운 햇살을 받으며 은은한 삼현육각의 가락으로 상쾌한 굿판이 열리고 있었다. 전주전통문화관에서 전통혼례식을 알리는 앞놀이마당이었다. 이어서 상쇠가 풍물을 이끌고 상모를 돌리며 시끄럽게 잔치마당을 한 바퀴 돌아 한껏 기분을 고조시켰다. "케겡케겡"하는 꽹과리의 찢어지는 소리도 듣기 싫진 않았다.

기럭아비 뒤를 따라 신랑이 앞가리개를 든 채 입장하여 금슬 좋게 잘 살겠다는 듯이 기러기를 전안상(奠雁床)에 올려놓고 뒤로 물러서자, 가마꾼의 경쾌한 발소리와 함께 식장 앞에 입장한 가마에서 야들야들한 신부가 살포시 내려 화동을 앞세우고 다음 순서를 기다리고 있었다.

"해인댁 출."하는 집례자(執禮者)의 호쾌한 소리에 사뿐사뿐 걷기 시작하는 신부에게 모든 사람들의 시선이 집중되었다. 마침내 여기저기서 여인들이 소곤거리며 입방아를 찧기 시작했지만 신부는 개의치 않고 마냥 생긋생긋 웃어댔다. 신부가 이빨을 보이면 첫딸을 낳는다고 경고해도, 살림밑천인 금메달을 따기 위한 작전인 듯 계속 입을 다물지 않았다.

"인물보다 하는 짓이 더 예쁘지요?"

해인댁에 포옥 빠진 신랑아범이 옆에 앉은 나에게 살짝 말을 건넸다. 듣기에 거북한 소리는 아니었다.

대기업에 취직한 아들은 인천에서 혼자 자취를 하고 있었는데, 혼기가 지나도록 총각 신세를 면치 못하여 걱정이 태산이었다. 그런데 마침 해남에서 인천까지 굴러들어온 월척(그래서 해인댁이라 칭함)을 아들 녀석이 놓치지 않았다고 은근히 치켜세우더니 해인댁을 자랑하느라 희희낙락이었다.

집례관의 지시대로 신랑 신부가 앉았다 섰다 절을 하며 술잔을 주고받더니, 합환주의식으로 갈라진 박을 하나로 딱 맞추자 성혼이 되었다. 뒤이어 화관무로 혼례식이 막을 내리자, 신랑아범은 하객들에게 악수를 하면서 마당 안을 돌아다니느라고 정신이 없었다. 내가 어렸을 적에 본 전통혼례와는 약간 달랐지만 흔히 볼 수 없는 멋진 마당이었다.

옛날에는 초례(醮禮)를 치르는 장소가 신부 집 마당이었다. 그래서 '마당을 빌리다'라는 관용적 표현도 생겼다. 원행(遠行)을 한 신랑이 가마를 타고 대문 밖에서 기다리고 있다가, "신랑 납시오."하는 집례관의 말을 듣고, 대문에 들어서면서 커다란 늙은 호박을 가마 밖으로 내동댕이쳤다. 호박이 터지는 소리는 요즘 말로 개식을 알리는 축포 소리였다.

가마 앞에 선 함진아비(중방)는, 마을 개구쟁이 청년이 부엌아궁이에서 손에 묻혀온 검정으로 얼굴을 검게 칠한 채, 마을사람들의 비아냥거림을 받으며, 함을 팔고 있었다. 요즘 젊은 함진아비들이 검은 먹물을 토하는 오징어로 얼굴을 가리는 이유였다.

중방이 건네준 기러기를 전안상에 올려놓고 물러서서 기다리는 신랑을 보고, 마당 안은 저마다 한 마디씩 지껄이는 아낙네들의 소리로 분분했다. "신부 출."이란 집례자(執禮者)의 소리를 듣고서야 울긋불긋한 원삼과 족두리로 치장하고, 두 여인의 도움을 받으며 식장으로 나오는 신부에게 시선을 돌렸다.

신부의 얼굴에 호기심이 많은 신랑 측 하객들은 얼굴을 가린

원삼 소매 때문에 안달이었다. 신랑이 건네주는 술잔에 입을 대려고 신부가 손을 떼는 둥 마는 둥 하는 그 순간을 훔쳐보려고 노려보지만 감질나서 애만 태웠다.

합환주의식이 혼례식의 백미였다. 체면 때문에 신부가 건네준 술잔에 시늉으로 입만 대는 신랑에게 마을 사람들이 사내대장부답게 한 잔 들이키라고 부추기면, 신랑도 지지 않겠다는 듯이 호기를 부리며 한 잔 시원하게 마셨다. 그것을 보고 동네 아낙네들은 안방에 불이 나겠다고 입방아를 찧으며 떠들썩했다.

"신랑 납시오."하거나 "신부 출." 등 혼례식을 주관하는 집례자의 시원시원한 소리는 비록 남존여비의 유교적 전통사상을 나타내는 표현이었지만, 식장 안에 있던 이들이 듣기에 거북하다고 항의하는 사람은 아무도 없었다. 오히려 머지않아 듣게 될 기분좋은 갓난아기의 울음소리를 예고하는 희망찬 소리로 여겼다.

전통혼례식장은 소리가 풍성한 이야기 공간이었다. 웃고 웃기는 소리가 가득한 열린 공간이었다. 듣기에 거북한 소리는 전혀 없고 듣기 좋은 소리로만 가득한 화합의 한마당이었다.

추억 속의 새들

새소리를 듣고 기쁘게 느끼는 사람이나 슬프게 느끼는 사람 모두 새가 운다고 표현했다. 나도 어렸을 때 새소리를 들으면 새가 운다고 말했다. 그런데 중학생이 되면서부터 새소리를 표현하기가 혼란스러워졌다. 영어에서는 새들이 노래한다거나 지저귀는 것으로 표현하고 있었기 때문이었다. 같은 소리를 듣고도 사람에 따라서 표현 방법이 다를 수 있다는 것을 그때 알았다. 새소리뿐만 아니라 자주 보는 새에 대한 오해도 많았다.

어렸을 적에 까치의 울음소리는 한해의 서막을 여는 시그널뮤직이었다. 설날 아침이 되면 어린이들은 모두 까치들이 많이 울었기 때문에 설날이 돌아왔다고 손뼉을 치며 좋아했다. 그리고 아침에 까치가 울면 자기 집에 반가운 손님이 찾아온다고 믿었다. 까치의 울음소리는 반가움을 예고하는 소리였지만 노래 부른다고 하지 않고 모두 운다고 표현했다.

햇살이 따스한 삼짇날이 지나면 남쪽에서 날아온 제비들이 마당에 있는 빨랫줄에 모여 고무짜리 불기 경연대회를 했다. 그 무렵 산과 들에는 아지랑이가 피기 시작했다. 제비의 울음소리는 완연한 봄소식을 전하는 반가운 소리였다.

밤이 되면 "쯔쯔 쯔쯔"하고 우는 머슴새와 소쩍새의 울음소리가 애잔했다. 소쩍새를 두견이로 오해하는 사람들이 많았지만, 두견이는 낮에 운다. 올빼미과인 소쩍새만 야행성이어서 밤에 운다.

대부분 새들은 울음소리로 짝을 부르기 때문에, 많은 사람들은 뻐꾸기와 두견이의 울음소리도 짝을 찾는 소리라고 알고 있었다. 하지만 그 울음소리는, 부화능력이 없어, 다른 새의 둥지에 몰래 낳아 놓은 알이 부화되기를 기다리며 새끼를 부르는 애간장이 타는 소리였다.

보리이삭이 익을 무렵이면 들에는 종달새 울음소리로 가득했다. 두 마리씩 짝을 지어 엎치락뒤치락 괴성을 지르며 시야에서 사라질 때까지 하늘 높이 올라갔다. 그때 종달새에게 넋을 잃은 젊은 남녀가, 주인이 나타나는 것도 모르고, 보리밭을 뭉그적거리다가 들켜 끽소리도 못하고 쩔쩔매는 모습은 안쓰러운 풍경이었다. 꺼병이를 잡으려다가 넘어졌다고 핑계를 대지만 주인이 속을 리 없었다. 화가 난 주인이 치켜드는 작대기를 보고서야 허리춤을 잡고 삼십육계 줄행랑을 치던 그 모습은 잊을 수 없는 종달새 추억이었다.

어렸을 적에 내가 본 가장 큰 새는 황새였다. 날아가면서 싸는 똥이 머리에 떨어지면 머리가 다 빠지고 민대가리가 된다고 하여 황새는 공포의 대상이었다. 봄철에 갈아엎은 논고랑 속의 우렁이를 잡으러 날아온 황새를 보고, 옆에 가까이 가 돌팔매질을 하며 쫓으면 큰 날개를 펴고 소리 없이 날아갔다. 넓은 하늘 공간을 가르며 나는 묵직한 황새의 모습은 인상적이었다. 그런데 알고 보니 황새가 아니고 백로나 왜가리였다. 황새는 겨울철새였다.

논에서 김을 맬 때가 되면 논두렁에 기어 다니며 우는 뜸부기 울음소리도 잊을 수 없는 인상적인 멜로디였다. "뜸뜸 뜸뜸"하고 반복되는 단조로운 저음이었지만 김을 매는 농부들에겐 피로를 씻어주는 청량제였다. 뜸부기 소리 흉내를 잘 내는 한 친구는 논두렁에 숨어서 뜸부기 울음소리를 내다가 어른들을 속였다고 몹시 야단맞은 일도 있었다.

여름철새로는 물총새가 백미(白眉)였다. 때깔 고운 옷을 입고 날씬한 몸매로 갑자기 날아와 둠벙 위 공간에 떠 날갯짓만 하며 머물다가 총알처럼 낙하하는 비행술은 환상적이었다. 물고기 한 마리를 입에 물고 멀리 달아났다.

곤한 늦잠을 즐기려는 아이들에게 아침 일찍 울어대는 참새는 정말 불청객이었다. 그 울음소리는 소음이었다. 그런데 그 소리를 듣고 일찍 일어나 논으로 새보기 하러 나가야 했다. 어린이들은 뙤약볕에서 새보기를 정말 싫어했다. 겨울철 참새구이 말고는 참새를 좋아하는 친구는 하나도 없었다.

새보기를 하다가 해질녘에 보금자리인 대밭을 향해 날아가는 참새 떼들을 보면 정말 반가웠다. 옷을 털고 논두렁에서 잡은 메뚜기 꿰미를 들고 집으로 향했다. 저절로 흘러나오는 콧노래에 맞추어 걷는 발걸음은 경쾌했다.

추석이 지나고 시원한 바람이 불어오기 시작하면 마을에 있는 모든 제비들은 마을 앞 전깃줄에 모였다. 선발대를 뽑는 듯 며칠 동안 난상토론 끝에 자취를 감추었다. 그 대신, 해질 무렵 서녘 하늘 멀리 날아가는 기러기 떼가 보였다. 입가에서는 "아 가을인가!" 하고 노랫가락이 저절로 흘러나왔다.

구름 한 점 없이 높고 푸른 서녘 하늘이 노을로 붉게 물들어 오르기 시작하면, 기러기 떼들은 선두를 따라 한 마리도 대열을 이탈하지 않고, 질서정연하게 V자형 대열로 나타났다. 마침내 불이 꺼질 때까지 일사분란하게 노을 속에 뛰어들어 불쏘시개가 되어 사라졌다.

기러기를 가까이서 직접 본 일이 없는 나는 기러기를 확실히 알지 못했다. 그런데 기러기를 직접 볼 기회가 있었다. 아침 일찍 논에 나갔던 한 친구가 간밤에 전선에 걸려 떨어져 있는 큰 새를 들고 왔다. 그것이 하늘을 나는 기러기라는 말을 듣고 나는 깜짝 놀랐다. 오리였기 때문이었다. 그때부터 상당히 오랫동안 내 기억 속의 기러기는 오리였다.

도시에서는 가을이 되어도 서쪽 하늘에서 기러기 떼를 볼 수 없다. 산에 오르기 전에는 새소리도 들을 수 없다. 모두 추억 속의 새들이다. 하지만 추억은 아름다운 법. KBS 아침마당의 시그널뮤직을 예고하는, "짹짹짹" 하고 들리는 칭아한 참새 울음소리는 더 이상 시끄럽고 귀찮게만 들렸던 옛날의 소음이 아니다. 맑고 부드러운 선율로 승화된 다정한 멜로디다.

- (전북수필 73호)

한기(寒氣)를 그리는 왜가리

입춘이 지난 어느 날이었다. 날씨가 따뜻하여 행여 봄이 오는 소리를 들을 수 있을지도 모른다는 기대감에서 전주천을 찾았다. 아직도 둔치에는 방한복 차림으로 조깅을 하거나 걷는 사람들이 많았지만, 봄의 전령사인 물가의 버드나무는 이미 하얀 버들개지를 달고 봄이 왔음을 알리고 있었다.

양지에는 개불알꽃이 앙증맞은 꽃망울을 달고 여기저기 피어 있었다. 겨우내 얼어 죽지 않고 강추위를 견뎌낸 것만으로도 장하다는 생각이 들었는데 가녀린 꽃망울까지 달고 강인한 생명력을 자랑하고 있었다.

정다운 냇물소리를 들으며 걷고 있을 때였다. 징검다리 밑 수심이 깊은 곳에서 흰뺨검둥오리 몇 마리가 보였다. 한가히 유영하는 놈, 다리 사이로 흐르는 물소리 장단에 맞춰 꽁지깃을 쳐들고 신나게 수중발레를 즐기는 놈도 있었다.

내가 한참 신나는 싱크로나이즈를 즐기고 있을 때, 흰뺨검둥오리 한 마리가 숨을 몰아쉬려고 머리를 들어 올리더니, 갑자기 두 발을 모으고 높이 솟아올랐다. 봄이 다가오고 있는 사실도 모르고 여유를 부리다가, 냇가에 하얗게 핀 버들개지를 보고 제정신이 번쩍 든 모양이었다. 옆에 있던 다른 놈들도 모두 따라서 날아올랐다.

얕은 곳에서 물고기가 올라오기만을 기다리고 있던 왜가리는 그들의 비상에 놀랐는지 머리를 쳐들고 날아가는 모습을 멍청히 바라보고 있었다. 잠시 후 제정신을 차리고 두 날개를 들어 올렸다가 여유만만하게 천천히 접었다.

전주천은 임실군 관촌면 슬치고개에서 발원되어 전주를 지나 만경강으로 흐르는 작은 하천이다. 60년대 중반까지만 하더라도 전주시민들은 전주천을 빨래터와 목욕탕으로 애용했다. 그리고 부지런한 사람들은 둔치에서 자갈들을 주워내고 채소를 심기도 하고 호박도 심었다. 그땐 비료가 분뇨뿐이어서 자연히 전주천의 오염원이 되었다.

산업화와 생활수준의 향상은 사람들로 하여금 전주천을 외면하게 만들었다. 세탁기와 샤워시설 덕으로 전주천을 찾는 사람도 뜸해졌지만 시민들의 무관심 속에 전주천의 오염은 심각해져 갔다. 둔치는 발 디딜 틈이 없을 정도로 인분과 각종 오물 그리고 쓰레기투성이였고 물속은 썩어가고 있었다. 냄새 때문에 물놀이를 즐기기는커녕 꼬리가 없거나 지느러미가 썩어가는 물고기를 잡으려는 아이들도 없었다.

생활에 여유가 생기고, 환경의 중요성을 깨닫기 시작하면서 시민들은 전주천에 눈을 돌리기 시작했다. 그 결과 지금은 전국적으로 유명한 시민공원으로 되살아났다. 시간을 가리지 않고 설치된 운동시설을 이용하거나, 조깅과 걷기운동을 하는 시민들이 많아졌다.

생태계도 복원되어 일급수에서만 산다는 다슬기와 쉬리가 돌아왔고, 많은 철새들도 찾아왔다. 천연기념물 원앙과 수달도 돌아왔지만 수달은 야행성이라 목격하기가 쉽지 않다.

4대강사업의 혜택을 받지 못한 전주천은 설치된 다리의 간격이 너무 멀다. 시민들의 편의를 위해 군데군데 돌로 된 징검다리가 많이 설치된 이유다. 그 징검다리들이 시민들에게 많은 볼거리를 제공하기도 한다.

징검다리는 밑바닥을 콘크리트나 진흙으로 쌓아 올리고 사람들이 건너기에 적당한 간격으로, 큰비가 와도 떠내려가지 않을 만큼 큰 돌들을 놓아 만들어진 다리이다. 자연히 간이 보(洑) 역할을 하여 다리 위와 아래 부분은 수심이 깊고 많은 물고기들이 모여 산다.

먹이가 많아지자 전주천을 삶의 터전으로 삼고 아침저녁으로 출퇴근하는 새들이 많아졌다. 왜가리, 백로, 해오라기, 원앙 그리고 텃새가 된 흰뺨검둥오리들이다. 그들은 아침 일찍 출근했다가 저녁이 되면 일제히 각기 보금자리로 퇴근한다. 가을이면 철새들도 많이 찾아온다.

물속을 유영하면서 사는 흰뺨검둥오리나 원앙과는 달리 왜가리는 냇가에 있는 돌 위나 징검다리 옆 옅은 물속에 서서 돌 사이로 흐르는 물을 타고 올라오는 물고기를 즐긴다. 결코 서두르는 법이 없다. 그래서 여유 만만한 학수고대 현장도 가끔 목격할 수 있다.

왜가리는 흰뺨검둥오리들이 떠나면 물속에 있는 물고기들이 모두 자기 차지가 될 거라며 여유를 부리고 있었다. 하지만 흰뺨검둥오리들이 떠나자 기대와는 달리 물고기들이 전보다 적게 올라오고 있었다. 때로는 배를 곯아야 하는 경우도 있었다. 그때서야 왜가리는 흰뺨검둥오리들이 자기의 식량을 앗아가는 수탈자가 아니라 공생하는 동업자요, 그들을 피해 달아나는 것들이 자기의 먹이가 된다는 사실을 깨달았다. 왜가리가 흰뺨검둥오리들이 돌아오는 추운 겨울이 되기를 학수고대하는 이유였다.

왜가리는, 모두가 주인의식을 가지고 자연환경을 공유할 때 무한한 보고(寶庫)가 되지만, 개인의 전유물로 착각하면 큰 재앙이 된다는 사실도 깨달았다.

울력꾼

제6부

행복 전도사

녹비(鹿皮)에 가로왈(曰)

교육에 몸담고 있지 않은 사람도 공부를 소홀히 하는 자기 아이들이나 젊은이들에게 공부를 열심히 하라고 말하면, 공부를 잘해야만 성공하는 것도 아닌데 왜 공부를 강요하느냐고 불평하는 소리를 많이 듣는다. 성인 중에서도, 고등학교에서 배운 것들이 대학에 들어간 뒤에는 아무 쓸모가 없었다거나, 살아가는 데는 가감승제만 할 줄 알면 되는데, 골치 아픈 함수나 집합 그리고 미적분까지 공부하느라고 죽을 고생만 했다고 말하는 사람도 있다.

하지만 세상을 살아가는 데 아무 쓸모나 필요가 없다고 과소평가했던 것들의 필요성이 절실할 때가 많다. 국내는 물론이지만 해외여행을 가면 역사와 지리까지 동원해야 즐거운 여행이 될 수 있다. 뿐만 아니라 여행지의 아름다운 경관의 배경이 되는 주변의 식물이나 지리적 특성, 그리고 특산물은 물론 그곳의 풍습이나 문화에 대한 상식이 없다면 불편을 느낀다. 또 학창시절에 열심히 공부했던 것들은, 설령 잊었을지라도, 전문해설사의 설명을 들으면 희미한 기억들이 되살아난다. 그때의 즐거움은 말로 표현할 수 없다. 더 열심히 공부했더라면 좋았을 거라고 아쉬워할 때가 많다.

글쓰기를 하면서부터 어렸을 때 또는 학창시절에 배운 것들이 정말 소중하다는 것을 절실히 느낀다. 주위에서 흔히 볼 수 있는, 자주 보기 때문에 많은 사람들이 소홀히 여겼던 것들을 잘 알고 있으면 글을 쓰는 데 정말 도움이 된다. 실제로 내가 풀이나 나무에 대해 쓴 졸문을 읽고 나를 생물을 전공한 사람으로 오해하는 분들도 있다.

초등학생 시절에는, 입학하기 전에 아버지한테서 배운 천자문 덕으로, 국어책에 나오는 많은 한자가 어렵지 않았다. 나는 한자를 잘 아는 학생으로 통했다. 그리고 고등학교 1학년 한문 시간에도 어려움이 없었다. 수필을 쓰거나 읽는 요즘도 그 한자 덕을 톡톡히 보고 있다.

고등학교 국어시간에는 한자 중에서도 주로 두 가지 이상으로 소리가 나서 틀리기 쉽고, 대학입시에서 출제빈도가 높은 것들을 열심히 공부했다. '독'과 '두'로도 읽는 '讀', '성'과 '생'으로도 읽는 '省', '동'과 '통'으로 읽는 '洞', '구', '귀' 그리고 '균'으로도 읽는 '龜' 등. 그 중에서도 가장 인상적인, 지금도 기억에 생생한 글자가 있다. '가죽 피(皮)'자다. '皮'는 피부(皮膚) 피골(皮骨) 호피(虎皮) 철면피(鐵面皮) 면장우피(面張牛皮)의 경우처럼 대부분 '피'로 읽지만, 사슴의 가죽(鹿皮)인 경우는 '비'로 읽는다.

고등학교에서 '녹비에 가로왈'이라는 속담도 배웠다. 녹비(鹿皮)에 써 놓은 가로왈(曰)자는 녹비를 아래위로 당기면 날일(日)자로도 보이는 데서, 일이 이리도 되고 저리도 되는 형편을 이르는 말이지만, 녹비에 가로왈처럼 우유부단하지도 말고, 매사에 일관성과 자신감을 가져야 하고, 또 曰을 日이라고 우기는 사람들의 속임수에 넘어가지 않도록 조심하라고 배웠다.

녹비에 가로왈의 속담을 가장 잘 알고 실천하는 사람들이 있다. 정치인들이다. 그들은, 여·야를 막론하고, 사슴 가죽은 구하기가 어렵다는 것을 알고, 녹비를 사용하지 않고, 발달된 인쇄매체나 녹음기를 이용하여 曰자를 새겨놓는다. 그러나 그들의 위치나 상황이 바뀌면 눈을 번히 뜨고도 자기가 써놓은 '曰'을 '日'이라고 우긴다. 그것을 曰자라고 우기는 사람은 무식하고 이상한 사람이다. 그리고 그 '日'은 자기의 환경과 조건이 다시 바뀔 때까지는 절대로 '曰'로 변하지 않는다.

파충류 중에는 주변의 빛깔에 따라 몸의 빛깔을 바꾸고, 양 눈을 따로 움직이며, 긴 혀를 재빨리 움직여 곤충을 잡아먹는 것이 있다. 카멜레온이다. 카멜레온이 먹잇감을 사냥하는 것을 보면 재빠르다. 생존을 위한 불가피한 동작이지만, 많은 사람들은 그 모습을 보고 '위장의 대가(大家)'라느니 '변신의 달인(達人)'이라고 하면서 그런 위장술을 원하는 사람도 있다.

사람들은, 변모라는 점에서, 변신과 위장을 동일시하는 경향이 있다. 그러나 전혀 다르다. 변신은 개인의 발전·발달을 꾀하기 위한 지속적인 노력으로 몸이나 모습을 다르게 바꾸거나 바뀐 모습이다. 그러나 위장은 자기 목적달성을 위해 남을 속이기 위한 일시적인 거짓 꾸밈이다. 변신의 원상회복은 퇴화 또는 퇴행이지만. 위장의 경우에는, 실패나 성공과는 상관없이, 원상회복은 필연이다. 따라서 위장을 잘하는 카멜레온을 보고 녹비에 가로왈이란 속담 운운하면서 살아가는 사람들은 대부분 남 속이기를 잘하는 거짓말쟁이이거나 또는 우유부단한 위선자들이다.

학장시절에 국어 공부를 열심히 한 사람은 녹비에 가로왈이란 속담을 잘 알기 때문에 曰자 사용을 삼간다. 그러나 '녹피'인지 '녹비'인지도 모르고 曰자를 밥 먹듯이 사용하는 사람들은, 국어는 우리말이기 때문에 열심히 공부하지 않아도 잘 할 수 있다고 주장하면서, 국어공부를 소홀히 한 사람들이다. 그들의 눈에 보이는 曰은, 녹비에 쓰여 있든 카멜레온의 표피에 쓰여 있든, 상황에 따라 편리하게 曰이 되기도 하고 日이 되기도 한다.

- (한밭수필 6호, 문학사랑 108호)

도토리 격(格) 싸움

8월 하순 어느 날 오후였다. 힘들게 하던 찜통더위는 뜨음해졌지만 그래도 발악을 하는 마지막 더위를 피해 나는 산책에 나섰다. 다급하게 울어대는 매미울음소리를 들으며 뒷짐을 지고 한가히 걷고 있을 때, 갑자기 뒤에서 "후두둑"하는 소리가 들려왔다. 머리 위에 펼쳐진 아름드리 상수리나무의 가지들을 보고, 나는 직감적으로 풀숲으로 내려갔다. 아직 도토리 줍는 철이 아니어서 나무 밑은 풀들이 소복했지만, 키가 작은 주름조개풀을 발로 몇 번 제치자 제법 통통하게 살이 찐 갈색의 상수리가 눈에 띄었다. 그것은 가을이 왔음을 알리는 알람이었다.

떡갈나무, 갈참나무, 졸참나무, 신갈나무, 물참나무 등 참나뭇과의 열매를 통틀어 도토리라 한다. 모든 참나무는 각각 독특한 특성이 있음에도 그 열매들을 똑같이 도토리라고 부른다. 열매의 크기나 모양이 고만고만하고 서로 비슷비슷하여 달리 부를 필요를 느끼지 못하기 때문이다. 그리고 고만고만하고 비슷비슷한 사람들끼리 서로 잘났다고 다투는 것을 '도토리 키 재기'라고 한다.

그러나 같은 참나뭇과이지만 상수리나무의 열매는 다른 열매보다 크고 둥글어서 도토리라 부르지 않고 상수리라 부른다. 근본은 같지만 품격이 다르다는 뜻이니 참나무열매에도 격(格)이 있다는 뜻이다. 그 참나무들의 격 싸움을 관찰하는 것도 재미있다.

도토리는 어려서부터 포경수술을 한 남자의 성기와 같다. 항상 투구를 쓰고 앞으로 죽 내민 속살을 길쭉하게 키운다. 일찍 세상의 맛을 보고 영글어 가기 때문에 자기가 어른이라고 뻐기면서, 아직도 파란 강보 안에서 얼굴도 보이지 않는 상수리더러 세상 물정도 모르는 마마보이라고 놀려댄다.

하지만 상수리는, 같잖은 것이 일찍 까져서 형님도 몰라보고 겁 없이 까불고 있다고 말하면서, 때가 오기만을 기다린다. 마침내 찬바람이 불어와 몸집이 커진 상수리가 너무 버거워, 상수리나무가 쥐고 있던 손바닥을 펴면, 상수리는 보라는 듯이 어미 손바닥에서 뛰쳐나온다. "후두둑"하고 천지를 진동하는 상수리 떨어지는 소리에 놀란 도토리는 벌벌 떤다. 상수리가 그렇게 힘이 셀 줄은 미처 몰랐기 때문이다. 상수리는 그런 도토리의 모습을 보고, 대기만성이란 말도 모르는 어리석고 겁 많은 놈이라고 비아냥거린다. 도토리와 상수리의 격 싸움이다.

그러나 자기들이 잘났다고 뻐기고 큰소리쳐도 소용없다. 모든 사물의 격은 인간의 활용도와 효용가치에 따라 결정되기 때문이다. 아무리 크고 보기 좋아도 인간에게 별로 쓸모가 없으면 격이 낮아지고, 작고 하찮아도 활용가치가 많으면 격이 높아진다.

상수리와 도토리가 다르다는 것을 육안으로도 쉽게 알 수 있다. 그러나 사람들은 구태여 다름을 구분하려 들지 않는다. 상수리를 줍고 있는 사람들에게 무엇을 줍느냐고 물으면 도토리를 줍고 있다고 대답한다. 또 상수리로 쑨 묵을 상수리묵이라고 하지 않고 도토리묵이라 한다. 하지만 엄격히 말하면 도토리묵과 상수리묵은 맛이 다르다. 상수리로 쑨 묵은 도토리묵에 비해 약간 떫다. 상수리로 묵을 쑤기 위해서는 상수리를 물속에 오래 담그고 더 많이 우려내야 한다. 이러니저러니 해도 묵을 쑤는 식품용으로는 도토리가 제격이라는 뜻이다.

그러나 어렸을 때 놀이용으로 이용되는 것은 도토리가 아니라 상수리였다. 다른 장난감이 없었을 때, 땅을 파내고 묻어놓은 상수리를 다른 상수리로 쳐서 파내어 따먹는 놀이가 상수리치기였다. 모정 그늘에서 쉬는 어른들로부터 쫓겨나지 않으려고 조용히 앉아서 하는 놀이였다. 상수리가 없을 때 대용품으로 도토리를 이용하기도 했다. 또 칼로 도장을 파거나 다른 조각을 하는 도구로 사용되는 것도 상수리였다. 어린이들에겐 도토리보다 상수리가 더 쓸모가 있었으니 상수리가 더 격이 높았다.

사람들은 하찮은 일로 다툴 때가 많다. 자기의 삶에 아무런 영향을 주지 않는, 별일이 아닌 것에 목숨을 걸고 싸우는 경우가 있다. 같잖은 것에 자존심을 걸고 싸우지만 승자도 패자도 없고, 둘 다 상처만 입고 패자가 된다. 이런 경우 도토리 키 재기라는 표현이 가장 잘 어울릴 것이다.

오늘 날 도토리 키 재기 싸움의 대가들은 정치인들이다. 국민을 위한다고 큰소리를 치지만 국민들은 안중에도 없고, 오직 당리당략만을 위한 도토리 키 재기 싸움을 벌인다. 그러면서 자기들이 하는 짓은 도토리 키 재기 싸움이 아니라고 항변한다. 그들은 도토리와 상수리도 구분할 줄 모르면서 도토리가 좋다거나 상수리가 좋다고 격 싸움을 하고 있다. 남이 얼굴을 알아볼 수 없을 정도로 짙은 화장과 성형수술까지 한 체 만나기만 하면 싸움을 벌인다. 국민들 눈에는 둘 다 개밥에 도토리 신세처럼 보이는데도 말이지.

소지

"엄마, 오늘은 꼼작도 못해. 선재가 학교에 안 가서 집에 있어야 돼."

아내가 부탁할 일이 있어서 분당에 사는 딸에게 전화를 걸었을 때였다. 학교에 갔을 거라 생각했던 외손녀 선재가 전화를 받았다. 의외여서 왜 학교에 가지 않았느냐고 물었더니 자기는 모른다며 자기 엄마를 바꾸어 주었다. 그때 딸아이가 수화기를 들고 하는 말이었다.

일기예보를 듣고 방사능 피해로부터 학생들을 보호하는 차원에서 내린 조치였겠지만, 휴교령 때문에 학생들이 등교하지 않고 집에 있으니, 아이 때문에 움직이지 못하고 집에 있어야 한다는 불평이었다.

얼마 전 뉴질랜드에서 지진이 일어났을 때였다. 이민을 간 이질에게 안부전화를 했다가 하마터면 큰일 날 뻔했다는 소리를 듣고 아찔했었다. 이질의 큰아이는 금년에 의대에 입학했다. 그런데 대학교 기숙사에 입사한 지 일주일 만에 지진이 일어났다. 마침 의대가 위치한 곳이 가장 심한 지진 피해 지역이어서, 하늘이 무너지는 것 같아 안절부절못하고 있을 때, 학교당국에서 전화가 왔다. 학교나 기숙사는 내진설계가 잘되어 아무 피해가 없으니 학부모들은 안심하라는 내용이었다. 그때서야 학교건물이 이재민들의 수용소로 이용되고 있다는 내용의 보도를 들은 기억이 났단다.

뉴질랜드뿐만 아니라 어느 나라에서든 지진이나 홍수 같은 자연재해가 발생하면 대부분 학교건물이 이재민의 수용소로 활용되고 있었다. 넓은 공간 때문에 피난처로 이용되겠지만 학교는 안전한 대피 공간이라는 뜻이었다.

그런데 그 안전하다는 학교가 우리나라에서는 안전하지 못한 곳으로 전락되고 있으니 도저히 이해할 수가 없었다. 물론 일본에서 일어난 대지진으로 예측불허의 상황이 전개되고 있는 것은 사실이었지만, 그렇다고 아무런 과학적 근거도 없이 학생들의 등교를 중지시키는 것은 지나친 행위라고 생각되었다.

또한 학생들의 교육을 총괄하는 일부 교육감이 직접 관내 학교장에게 휴교할 수 있는 재량권을 허용한 것은 분명히 직권남용이며, 항간에 떠도는 막연한 불안감 때문에 내린 결정이어서 포퓰리즘에 편승한, 사려 깊지 못한 결과였다고 생각되었다.

비가 오면 학교는 위험한 곳이니 등교시키지 말고 가정에서 부모님들이 책임지고 지도하라고 부모에게 떠맡기는 행위는, 학교는 학생들의 교육을 책임질 수 없으니, 가정에서 교육을 시키라는 말과 같았다. 그렇지 않으면 적어도 과학적 근거를 설명하고 학부모들을 이해시켜야 했다. 납득할 만한 해명도 없이 휴교한 것은 교육을 포기하는 성급한 조치였다.

90년대 중반부터 교육당국은 정상수업을 빌미로 학생들을 학교에서 몰아냈다. 공부를 하지 않아도 대학에 갈 수 있다고 호도하면서 정상수업만을 고집했다. 그 결과 수업이 끝나는 대로 귀가하는 아이들 때문에 학부모들은 큰 부담을 안게 되었다. 생업이나 일상적인 업무를 포기해야 하기 때문이었다. 마음 편하게 아이들을 맡길 수 있는 장소를 물색하다 보니 학원가에 몰리게 되었다. 오늘날 사회적인 문제가 된 사교육이 극성을 부리게 된 연유였다.

방사능 피해를 핑계로 학생들의 교육을 학부모들에게 맡길 경우에도 마찬가지다. 학부모들은 마음 놓고 아이들을 맡길 수 있는 곳을 찾아야 한다. 자연히 학원밖에 없다. 이런 사실을 전혀 예측하지 못한 결정인지 아니면 학원과의 담합행위인지 알쏭달쏭하다. 교육의 수장이 교육에는 관심이 없고 포퓰리즘에 편승한다면 본분을 망각한 어처구니없는 행동이다. 시쳇말로 제사에는 관심이 없고 젯밥에만 관심이 있는 주객이 전도된 행위이다.

그러나 재래식 고유의 제사에서도 젯밥을 먹기 위해서는 일정한 과정이 필요했다. 제사가 끝나야 음식을 먹을 수 있었지만, 반드시 축문을 읽고 불사르는 소지(燒紙)의 과정을 거쳐야 제사가 끝났다.

소지란 신령 앞에 비는 뜻에서 얇은 종이에 쓴 축문이나 지방에 불을 붙여 공중으로 날리는 행위였다. 소지가 끝나야 모든 제사가 마무리 되고, 제상에 차려놓은 음식도 먹을 수 있었다.

따라서 어떤 핑계로 학생을 학교에서 몰아내는 행위는 학생을 받아들일 준비를 하라고 학원에 통지하는 거나 다름없다. 다시 말하면 소지를 불사를 테니 젯밥 먹을 준비를 하라고 학원가에 통지하는 행위라는 생각이 들어 개운치 않다.

스마트폰이 가져온 새 풍속도

"할아버지? 멋쟁이시네요. 연세가 어떻게 되세요?"

모임 장소를 잘못 알고 찾아간 음식점에서, 장소를 확인하기 위해 매일을 열어보고 있는 나를 보고, 카운터에 앉아 있는 여사장이 한 말이었다. 젊은이들의 전유물인 스마트폰을 나이가 많은 사람이 가지고 다니는 것을 보고 놀랐다는 뜻이었다. 자기 아버지에게도 스마트폰을 사주려고 했지만, 요금만 비싸고, 지금의 핸드폰으로도 불편한 점이 없다며 사양하더라고 말했다.

스마트폰은 확실히 편리한 기계이다. 기존의 핸드폰에다가 새로운 기능을 첨가하여 만들었으니 기능도 다양해졌지만, 무엇보다도 다량의 정보를 쉽게 얻을 수 있어 좋다.

나에겐 스마트폰은 휴대하기 버거운 국어사전 대용품이다. 잘 모르는 단어를 만나면 아무데서나 쉽게 찾아볼 수 있어 좋다. 또 길을 걷다가 새롭고 인상적인 풍경을 만나거나, 낯선 화초나 나무를 만나면 촬영도 할 수 있다. 스마트폰은 나에겐 편리한 생활의 동반자다.

전철 안에 의사들이 나란히 앉아 있었다/모두 귀에 청진기를 끼고 있었다/위장을 눌러보고 갈빗대를 두드려보고/눈동

> 자를 들어다보던 옛 기술을 접고/가운을 입지 않은 젊은 의사들은/ 손가락 두 개로 스마트하게/ 전파 그물을 기우며/ 세상을 진찰하고 있었다/ 수평의 깊이를 넓히고 있었다.

이는 서울 지하철 안에서 열심히 스마트폰을 두드리고 있는 젊은이들을 보고, 함민복 시인이 쓴 「서울 지하철에서 놀라다」란 시의 일부다. 스마트폰으로 열심히 세상공부를 하고 있는 젊은이들을 긍정적으로 바라보고 있다.

하지만 스마트폰이 편리한 기계만은 아니다. 생활에 많은 도움을 주는 것은 사실이지만 역기능도 많다. 스마트폰 때문에 전에는 상상도 하지 못한 새로운 풍속도가 나타나기도 한다. 한번 빠지면 헤어나지 못하는 마력을 지니고 있어, 지나친 오·남용은 사회적인 문제가 되고 있다.

나이가 들면 모든 동작이 둔해진다. 특히 손가락 끝이 그렇다. 그렇다고 손을 놓아버리면 어떻게 될까? 불문가지다. 치매 예방을 위해서도 손가락 운동을 많이 해야 한다고 자주 듣지 않은가. 그런데 그 말은 노인들이 즐기는 화투놀이를 위한 합리화 수단이 된 지 오래다.

노인들은 손가락 끝이 마음대로 움직이지 않기 때문에 핸드폰으로 전화 걸기도 쉽지 않다. 하나를 찍어야 하는데 두 개가 찍히기도 하고, 엉뚱한 번호가 찍히어 의도한 대로 통화할 수 없는 경우가 허다하다. 자연히 핸드폰은 수화기 역할만 한다. 그러니 기능이 훨씬 많은 스마트폰 사용은 언감생심이다. 그래서 요금을 핑계대면서 핸드폰만으로도 충분하다고 변명한다. 노인들이 스마트폰을 기피하는 이유다.

어린이를 가진 부모들은 스마트폰 때문에 아이들과 전쟁을 치른다. 틈만 있으면 스마트폰을 들고 오락을 하기 때문이다. 시간 가는 줄도 모르고 집중하기 때문에 시간을 정해주어야 소용이 없다. 마침내 큰소리가 나와야 마지못해 일어나 각자 자기 방으로 들어간다. 그 때부터는 어머니 차례다. 아이들이 방에 들어간 것을 확인하고, 어머니는 회심의 미소를 띠며 스마트폰을 꺼내든다. 요즘 각 가정에서 흔히 볼 수 있는 새로운 풍속도다.

학교에서도 스마트폰이 골칫거리다. 등교하면서부터 수업이 끝날 때까지 일정한 장소에 보관하도록 하지만, 별 효과가 없다. 폐휴대폰을 가져와 보관소에 제출하고 자기 스마트폰을 그냥 소지한다. 수업 중에 신호음이 울리면, 선생님은 통화가 끝날 때까지 수업을 중단하고, 얼굴만 붉히며 서있어야 한다. 서투른 짓을 하면 바로 전국에 동영상으로 전송되기 때문이다. 교실의 새로운 풍속도이지만, 스마트폰은 선생님을 꼼짝 못하게 하는 학생들의 신종 무기이다.

스마트폰은 성인들에게도 문제다. 버스나 전철 안에서 정신없이 자판을 두드리거나 화면을 들여다보다가 목적지를 통과하면 다음 승하차장에서 내린다. 최근에 볼 수 있는, 거리에서 스마트폰을 든 채 헐레벌떡 달리는 젊은이들의 모습도 새로운 풍속도이다.

정형외과병원에 가면 멀쩡한 젊은이들이 손에 붕대를 감고 누워있다. 지나친 스마트폰 사용으로 손에 나타난 신경통 때문이다.

한국의 젊은이들은 자기 앞에 서있는 사람이 자기보다 어른이나 노약자 그리고 임산부일 경우 자리를 양보하는 것이 오랜 전통문화였다. 그런데 요즘 젊은이들은 그것을 외면한다. 스마트폰을 만지기 위해 노약자석까지 점령하는 젊은이도 있다.

버스나 지하철 안에서 대부분의 젊은이들은 스마트폰 때문에 자리를 지킬 수 있어 다행이라고 생각한다. 하지만 분명 그들은 고등교육을 받았거나 또는 받고 있는 대학생들이기 때문에, 양심은 있어서 자리에 앉자마자 고개를 숙인다. 멀쩡한 젊은이들이 버스나 지하철 안에서만 앓고 있는, 쉽게 치유될 수 없는, 새로운 난치병인 머리숙인증후군(?)이다. 이 또한 스마트폰이 가져온 새로운 풍속도이다.

엄마 닮은 여자

"어머! 이모가 아니고 외숙모였네!"

우리 내외가 분당의 큰 딸네 집에 가서 온 가족이 한데 모였을 때였다. 거실에서 놀고 있던 작은 딸의 큰 아들 찬영이가, 자기 딴에는 무엇을 청하고 싶어서, 등을 보이고 식탁에 앉아 있는 자기 이모를 불렀다. 여러 번 불러도 반응이 없자 옆으로 갔다. 그런데 이모가 아니었다. 외숙모를 이모로 착각한 찬영이가 무안해서 하는 말이었다.

큰 딸의 첫째인 선민이도 모습만 보고 자기 엄마와 외숙모를 혼동하여 여러 번 실수를 할 뻔했다고 말했다. 그 소리를 듣고 붉어졌던 찬영이의 얼굴이 좀 펴졌지만, 그래도 무안함이 가시지 않은 듯 말없이 거실의 TV 앞으로 가서, TV를 보는 척하며 딴청을 부리고 있었다.

부부는 닮는다는 말을 자주 듣는다. 각기 다른 얼굴과 모습을 하고 있지만, 같은 공간에서 비슷한 생각을 하면서 함께 살아가기 때문이라고 말하는 사람도 있다. 하지만 아이들의 이런 실수를 보면 그런 것만은 아닌 것 같다. 분명히 어딘지 모르게 닮은 데가 있다는 생각이 든다.

찬영이가 당황하는 모습을 보자 고등학교시절에 영어참고서에서 읽었던 〈메추리와 사냥꾼〉이라는 우화가 떠오른다.

세상에서 가장 예쁜 아이들은 자기 새끼들이다. 메추리에게도 마찬가지다. 사냥꾼은, 숲속에서 가장 예쁜 자기 새끼들을 사냥하지 말라는 어미 메추리의 간청을 듣고, 일부러 자기 눈에 가장 추해 보이는 어린 새들만 골라서 사냥을 한다. 그런데도 자기의 간청을 무시하고, 자기 새끼들만 사냥했다는 어미 메추리의 불평을 듣는다. 메추리의 모성애를 강조하기 위한 우화이지만, 난감한 입장에 처한 사냥꾼의 모습도 쉽게 잊히지 않는다.

자기 몸에서 태어난, 눈에 넣어도 아프지 않을, 세상에서 가장 예쁜 아이는 어머니의 분신이다. 어머니는, 자신의 몸은 차치하고, 아이들의 양육에만 혼신의 힘을 기우린다. 그래서 자식에 대한 어머니의 사랑은 일방적인 희생이라고 한다.

자식들의 눈으로 볼 때, 세상에서 가장 아름다운 여인은 어머니다. 태어나면서 맨 처음 접하는 어머니의 얼굴과 모습이 아이들의 눈에 가장 아름다운 여인으로 각인되기 때문이다. 성인이 되어도 그 생각은 변하지 않는다.

하지만 혼기에 처한 자식을 둔 어머니는, 자식의 의사와는 상관없이, 자신의 판단으로 가장 어울리는 베필을 찾아주려고 욕심을 부린다. 당연히 며느릿감으로는 이왕이면 학벌도 좋고, 키도 크고, 미모도 출중하기를 바란다. 게다가 돈도 많고 권력이 있는 집안 출신이면 금상첨화다.

어머니들 중에는 신붓감을 고르면서 마음이 변하는 사람도 있다. 애지중지 키운 자식을 남에게 빼앗긴다는 허탈감에서 오는 불안감 때문인지, 희생으로 점철된 자식에 대한 어머니의 사랑은

온데간데없고, 지금까지 키우면서 쏟았던 정성에 대한 대가를 받아내려는 듯 손익계산을 한다. 더구나 자식이 요즘 잘나가는 조건을 갖춘 신랑감이면 더욱 심하다. 자연히 결혼을 하자마자 혼수 문제로 시끄럽다.

하지만 짝을 찾는 당사자들의 입장은 다르다. 지금까지 자기가 가지고 있던 여성미에 대한 개념은 변함이 없다. 배필을 고를 때 자기 어머니의 모습을 닮은 여인을 최우선으로 고집한다. 욕심을 부리며 손수 고른 여자를 강요하는 어머니와 충돌할 수밖에 없다.

때로는 어머니의 체면 때문에 마지못해 선을 보기도 하지만 모두 허탕이다. 자연히 혼기가 늦어지고, 결혼을 하더라도 쉽게 파경에 이른다.

사십이 넘도록 장가갈 생각을 않던 자식 때문에 우리 내외도 속깨나 탔다. 과분할 정도의 여자를 소개해주어도, 그저 형식적으로 선을 볼 뿐 아무 소용이 없었다. 그러던 어느 날 자기가 사귀는 여자가 있단다. 얼씨구, 서둘렀다. 아무 조건도 따지지 않았다. 그랬더니 두꺼비 같은 손자까지 결혼선물로 안겨주어 더 이상 바랄 것이 없었다.

우리 내외가 보기에는 그렇지 않는 것 같은데, 자식 눈에는 엄마를 닮은 데가 있고 또 자기 여동생들의 모습과도 비슷한 데가 있는 모양이다. 딸들과 함께 하는 자리에 가면 자매지간이냐고 묻는 경우도 있단다. 이런 경우 천생배필이란 말이 잘 어울리겠지만, 외손자·외손녀들이 가끔 헷갈리는 이유다.

여자라곤 엄마밖에 모르던 남자가 짝을 찾으면 여성관이 바뀐

다. 세상에 엄마보다 더 예쁜 여자도 있다고 감탄한다. 아이가 태어나면 세상을 다 얻은 기분이며, 자기 자식에게만 정성을 다한다. 특별보충수업을 받지 않아도 저절로 터득되는 내리사랑의 경로(經路)이다.

이제 나는 자신 있게 말할 수 있다. 사십이 넘도록 결혼을 하지 않은 자식 때문에 걱정하는 친구나 주위 사람들을 만나면, 자식의 배우자감으로는 엄마를 닮은 여자가 최고라고.

- (전북문단 72호)

울력꾼

아침저녁으로 제법 쌀쌀하다. 유난히도 더웠던 올 여름이었기에 더 시원하고 반가운 가을이다. 가을 중에서도 10월은 꽃의 계절이다. 한없이 펼쳐진 파란 하늘 아래, 지겨웠던 여름을 이겨낸 인고의 힘으로 피워낸 꽃이기에 더 아름답다. 선선한 바람에 하늘거리는 가냘픈 코스모스도, 그리고 고고한 자태를 뽐내는 들꽃도 아름답지만, 가을꽃 중에는 국화가 압권이다.

국화는 꽃도 아름답고 향기롭고 종류도 많지만, 뜻이 있는 사람은 누구나 자기의 취향에 맞게 갖가지 모양으로 재배하고 가꾸어 멋진 작품을 만들어 낼 수 있다. 무한한 노력과 인내력의 결정체인 가을 국화를 보고 사람들이 감탄하는 이유다.

하지만 전시회나 드나들면서 남이 애써 가꾸어 놓은 작품이나 감상하고 즐기는 사람은 진정으로 국화를 사랑하는 사람이라고 말할 수 없다. 자기 손으로 직접 가꾸어 보지 않고는 국화를 제대로 알 수 없기 때문이다.

국화가 많은 사람들의 사랑을 받고 관심을 끌기 위해서는 꽃이 탐스럽고 향기로워야 한다. 하지만 정원수의 멋진 수형(樹形)이 정원에서 한몫을 하듯 국화도 생김생김이 참해야 한다. 그 멋진 자태를 유지하기 위해서는 사람의 손길은 필수다. 그래서 인간의 체취가 배어있지 않은 국화는 사람들의 관심을 끌지 못한다.

요즘은 집단으로 재배된 들국화도 많은 사랑을 받는다. 사람의 체취를 느낄 수 있기 때문이다. 그러나 화단 속의 국화는, 홀로 핀 들국화처럼, 별로 인기가 없다. 나는 이런 사실을 모 교육청장 학사로 근무하면서 깨달았다.

교육청 안의 화단에는 관내 학교에서 국화전시회를 할 때마다 선물로 가져온 것들을 철이 지나면 화단에 심기 때문에 국화가 많았다. 처음 교육청에 들여올 때는 그 학교에서 가장 좋은 작품을 골라서 보내왔기 때문에 보기가 좋았다. 그런데 주먹보다 크고 탐스럽던 대국의 꽃봉오리들도 화단에서 자라면 살구만한 크기로 퇴화되었다. 꺾꽂이가 필요한 이유였다.

나는 꺾꽂이하는 요령을 배우고 교육청화단에 있는 국화에서 순을 꺾어 삽목을 했다. 전문가처럼 멋진 작품을 생산해낼 수는 없겠지만, 손수 내 손으로 국화를 키워보겠다는 일념에서였다.

꽃대의 영양 손실을 막기 위해 순의 맨 끝에 있는 두 이파리만을 남기고 따냈다. 그것들을 그늘에 비치한 모래에 묻고 아침저녁으로 물을 주었다.

며칠 후 하나를 뽑아보았더니 아무 흔적이 없었다. 담배를 피우듯이 두 손가락 사이에 끼우고 살짝 흔들어보고, 묵직한 감촉이 느껴질 때까지 기다려야 한다는 말을 들었지만, 성질이 급한 나는 궁금하여 참을 수 없었다. 다시 묻고 모래를 다독거리며 물을 주었다.

마침내 묵직한 느낌이 들었을 때 또 하나를 뽑아보았다. 실오라기처럼 하얗고 작은 뿌리들이 내리고 있음을 육안으로도 확인할 수 있었다. 쾌재를 불렀다. 남겨놓았던 두 이파리 위로 두 개의 새순이 올라오고 있는 것을 보았을 때의 기분은 이루 다 말로 표현할 수 없었다. 하나의 생명을 탄생시켰다는 부듯함과 자부심 때문이었다. 여러 개의 이파리를 달고 커가는 모습을 보면서 느끼는 흐뭇함과 성취감 또한 어느 경험 못지않게 대단했다.

삽목들이 어느 정도 컸을 때, 소국은 여러 개씩 묶음으로 화단에 심고, 대국은 부엽토를 넣은 화분에 하나씩 옮겨 심었다. 아침 저녁으로 물을 주고, 뜨물이 끼이지 않도록 살피기도 하고, 마른 이파리는 따내고, 꽃대가 휘이지 않고 반듯하게 자라도록 철사를 사용했더니 의젓하게 자라고 있었다.

화분에 심은 대국에게는 손이 더 많이 갔다. 햇볕이 너무 뜨거울 때는 그늘로 옮기고, 햇빛을 고루고루 받도록 가끔 화분을 돌려놓기도 하고, 비가 심하거나 태풍이 불어오면 집 안으로 들여놓았다. 마침내 크고 싱싱한 대국이 커다란 꽃을 피웠을 때 원예가들의 진정한 땀방울을 보는 느낌이었다.

당연히 나는 내가 원하는 꽃을 피우도록 노력하고 있었지만, 국화가 꽃을 피우기 위해서는 사람의 힘 못지않게 햇빛, 바람, 그리고 비와 같은 자연현상과 주위환경의 영향력이 크다는 것을 깨달았다. 그들은 모두 국화가 꽃을 피우는데 필요한 울력꾼들이었다.

일찍이 국화에게 많은 울력꾼이 필요하다는 것을 깨달은 시인이 있었다. 서정주 시인이었다. 서정주 시인은 한 송이 국화꽃을 피우기 위해서는 봄부터 울어대는 소쩍새, 한여름 먹구름 속에서 우르릉거리는 천둥소리, 가을밤에 내리는 싸늘한 무서리가 필요하다고 했다. 그들은 모두 국화가 꽃을 피우기 위한 울력꾼들이며, 그들의 울력으로 피운 국화꽃이야말로 시인이 잠 못 이루며 기다리는 누님 얼굴 같은 아름다운 꽃이라고 노래했다.

눈부시게 맑고 푸른 10월의 하늘 아래, 아름다운 자태와 그윽한 향기로 많은 사람들을 감동시키는 한 송이 국화는 많은 울력꾼들의 땀으로 승화된 시화(詩畵)들이다.

- (한울문학 2013년 12월호, 석정문학 27호)

젊은 부부의 꿈을 앗아간 얌체

내가 시골에 있는 어느 고등학교 평교사로 근무할 때였다. 그곳은 면소재지여서 위락시설이라고는 작은 극장뿐이었다. 수업이 끝나고 퇴근 시간이 되어도 가볼 만한 곳이 없어 당구장에서 당구를 치다가 대폿집에 가는 것이 고작이었다.

일요일엔 학교에서 탁구를 치거나 바둑으로 시간을 보내다가 해가 질 무렵엔 또 당구장으로 갔다. 운이 좋은 날엔 낚시를 즐기는 선생님이 잡아온 물고기로 끓인 물고기 매운탕에 소주나 막걸리를 마실 때도 있었다.

그런데 선생님 중에는 여름철 보신용으론 닭이 최고라고 닭을 극찬하는 분이 있었다. 나도 여름철엔 닭이 좋다는 것을 익히 알고 있었다. 어렸을 때 마당이 넓은 우리 집에서는 닭을 많이 길렀고, 손님이 오면 나는 으레 닭을 잡았기 때문이었다. 손님 덕분에 목구멍의 때를 벗기거나 국물이라도 맛볼 수 있어서 닭 잡는 일이 싫진 않았었다.

그 선생님은 병아리를 사다가 기르자고 제안했다. 몇몇 선생님들이 그분의 제의에 동의하자, 그 선생님은 낡은 사과상자와 작은 각목을 사다가 못질을 하고, 가는 철사로 엮어 닭장을 만드는 시범을 보여주었다. 그분의 도움으로 모두 닭장을 만들고 장날에 노란 햇병아리를 사다가 길렀다. 닭장 속의 병아리가 자라는 것을 보는 재미도 있었지만, 여름철이 되면 병아리들이 제법 입맛을 다실 수 있을 만큼 자랐다.

그런데 웃지 못할 일도 있었다. 새벽에 한 마리가 울면 모두 따라 울어 온 집안이 장난이 아니었다. 마치 불이 났을 때 불어대는 사이렌 소리처럼 시끄러웠다. 시장에서 사온 병아리들이 모두 수컷이었기 때문이었다.

일요일엔 점심 식사가 끝나면 선생님들은 모두 학교에 모였다. 늦장을 부리거나 사정이 있어 학교에 나오지 못할 경우 선생님들이 모두 그 집으로 쳐들어갔다. 그러면 으레 닭을 잡았다. 한둘이 아니고 여럿일 경우는 닭 매운탕이 최고였다. 모래주머니와 간 그리고 가슴살로 초벌을 하고, 닭 매운탕으로 본격적인 소주 파티를 즐겼다. 타지로 발령이 날 때까지 몇 년 동안 일요일마다 닭 매운탕 잔치가 계속되었었다.

우리 아파트 북쪽엔 빈 주택이 한 채 있었다. 상당히 오랜 기간 비어 있어서 그 집을 지날 때마다 청소년들의 우범지대가 되지 않을까 염려도 되었다. 얼마 후에 그 집의 유리가 박살이 나고 유리창도 부서져 엉망으로 나뒹굴고 있었다. 보기 흉한데다가 철제 대문까지 사라지자 더욱 흉물스러워 보였다. 깨진 유리창 이론이 떠오르기도 했다.

그 집을 젊은 부부가 수리하고 이사를 왔다. 집주인인지 전세로 이사했는지는 알 수 없었지만, 새로 유리창과 철제대문을 달고 페인트칠을 하니 멀쩡한 집이 되었다.

집 앞에 있는 텃밭도 일구어 여러 가지 채소도 심었다. 상추, 오이, 고추, 가지, 파, 호박, 배추, 케일 그리고 완두콩까지 심었다. 좁은 공간을 요모조모 오밀조밀하게 잘 이용한 종합 채소농장이었다.

담 바로 밑에는 거적을 쳐놓은 것처럼 제법 볼록한 것이 있었다. 그 위는 하얀 비닐로 덮여 있었다. 어느 날 지나가다가 보니 닭이 몇 마리 나와서 풀을 쪼고 있었다. 비닐로 덮여 있는 것이 닭장이었음을 그때서야 알았다. 아내는 젊은이들이 깔끔하고 바지런하다고 칭찬했었다.

어느 날이었다. 아내와 함께 그 집 앞을 지날 때 담 밑에 있던 닭장을 부수더니 그곳에 토마토를 심고 있었다. 닭을 어찌하고 토마토를 심느냐고 물었더니 전날 밤에 닭이 사라졌단다. 울안도 아니고 밖에서 닭을 키우는 것이 위태하다는 생각은 들었지만 도난당하리라고는 생각도 못했는데, 아침에 모이를 주려고 가보니 흔적도 없이 사라져버렸다. 닭 매운탕도 여러 번 생각했지만, 귀한 손님이 오거나 필요할 때가 있을 거라 생각하고 아끼던 닭이었다. 정성을 다해 키운 닭이 사라진 것을 알았을 때 젊은 부부는 얼마나 허망했을까?

그런데 추석이 가까워지는 어느 날이었다. 내가 아내와 함께 송편을 만들기 위해 쌀을 빻으러 떡집에 가고 있었을 때, 길 맞은편에서 제법 나이가 듬직한 사람이 혼자 걸어오고 있었다. 반바지 차림에 머리가 희끗희끗했다. 바로 우리 앞에서 그분은 갑자기 밭으로 들어가더니 아무 거리낌 없이 가지를 큰 것으로 골라서 따고 있었다. 마치 자기 밭인 양 서슴없이 따더니 두 손으로 쥐고 우리를 지나쳐 아파트 쪽으로 걸어갔다. 땀 흘려 지은 남의 농작물에 손을 대는 얌체족이었다.

하도 어이가 없어 아내와 나는 말을 못하고 마주보고 웃기만 했다. 그런 얌체족 때문에 젊은 부부의 닭매운탕 꿈이 허망한 물거품이 되었을 거라 생각하니 저절로 쓴 웃음만 나왔다.

학교의 불청객

며칠 전 내가 학교운영위원장으로 있는 모 고등학교의 졸업식이 있던 날이었다. 졸업식장으로 가기 위해 교장선생님과 함께 중앙 현관에 이르렀을 때, 정복차림을 한 경찰관 열두어 명이 일렬로 서 있는 것이 눈에 띄었다. 졸업생들의 생활지도를 위해 학교에 온 사람들이었다. 아침에 관할서장으로부터 졸업식장에 경찰관이 다수 파견된다는 연락을 받았다고 교장선생님이 설명해 주었다. 사복경찰관들도 있었다. 학교를 방문한 불청객들이었다.

마지막으로 학교를 떠나는 졸업생들을 축하하려고 온 것이 아니라, 학원폭력예방이란 미명하에 쓸데없는 짓을 하지 말라고 졸업생들을 겁주러 왔다. 정복차림으로 즐비하게 서 있는 것을 본 졸업생들의 기분이 어떠했을까? 학부모들과 선생님들도 기분이 이상한 듯 자조적인 냉소를 띠고 있었다.

졸업식을 마치고 교장실에 돌아온 나는 한숨이 저절로 나왔다. 교내에까지 경찰 투입이 자연스런 행태가 되었으니 앞으로 교육이 어떻게 될까 심히 걱정되어서였다. 보도에 의하면 각 교원단체 대표들이 경찰서에 가서 경찰관의 학교투입에 대해 항의도 했단다.

초청을 하지 않았는데도 찾아오는 사람들을 불청객이라 한다. 살아가면서 불청객을 만나는 것은 필연이지만, 그 중에는 만나서 반갑거나 예(禮)로써 맞아야 할 손님도 있지만, 그렇지 못한 사람들도 있다. 그런데 나도 모 고등학교교장으로 근무할 때 그런 불청객들의 방문을 받은 일이 있었다. 학생들의 입·퇴학 업무분장을 행정실로 이관하지 않은 것을 항의하기 위해 모 교원단체 간부들 몇 명이 교장실로 찾아왔었다.

나는 입 · 퇴학문제는 학생생활지도의 최후의 보루인데 그것을 비전문가인 행정실로 업무를 이관하는 것은 학생의 생활지도를 포기하는 행위라며 절대로 따를 수 없다고 했다. 그리고 학교의 업무분장까지 간섭하는 행위는 교장의 학교 경영권을 간섭하는 행위라고 강력히 주장했었다.

내 설명을 듣고, 그들은 퇴학을 결정할 때까지 상담과 지도는 교사가 하고, 결재서류 작성은 행정실로 이관하면, 교사의 업무부담이 경감된다고 설명했다. 일고의 가치도 없는 말이었다. 학생의 입·퇴학 결재는 그저 교장의 결재를 받는 요식행위가 아니라, 최종적으로 결정하기까지 여러 번 상담이 필요하기 때문이었다.

실제로 퇴학이나 전학조치를 취해야 할 학생이 결재과정에서 상담을 통해 회생된 경우가 허다하였다. 상담의 필요성을 강조하는 이유였다. 그런데 상담과 전혀 관계가 없는 행정실로 업무를 이관하자는 것은 어불성설이었다.

많은 학교가 학생의 입 · 퇴학업무분장을 행정실로 이관한 사실을 후에 알았지만, 교사의 업무경감이란 미명하에 학생생활지도가 소홀해진 것은 명약관화한 사실이었다. 교사들이 힘든 학생생활지도를 소홀히 하기 때문이었다.

교육은 지식의 전달만으로 이루어지는 것이 아니다. 성장기에 처한 아동은 매일매일 새롭고 어려운 상황에 접하기 때문이다. 그 어려운 처지에 놓여있는 학생들을 슬기롭고 바람직한 방향으로 도와주고, 꿈을 심어주고, 성숙한 인격체로 성장하도록 돕는 것이 생활지도다. 그리고 교육자는 어린 학생이 자기가 의도한 바람직한 결과를 가져왔을 때 보람을 느끼게 된다.

따라서 조금 힘들거나 어렵다고, 업무경감이란 말로 호도하며, 타인에게 떠맡기는 행위는 교육자가 할 일이 아니다. 안일하고 무지의 소치가 낳은 파렴치한 책임전가요, 그 결과 불청객들이 학교를 점하게 된다. 그리고 지식전달은 교사가 맡고 생활지도는 경찰이 책임진다면 교육의 주체가 누구인지 분간하기 어렵게 된다

조금 편하기 위해 게으름을 피우다가 자기의 권위와 책무를 박탈당하고, 할 일이 없어지는 사람은 자연히 그 직위에서 밀려나게 된다. 주객이 전도된 후에 아무리 발버둥이쳐 봐야 소용없다. 그래서 교사에게는 항상 앞을 내다보는 사려 깊은 미래지향적인 사고가 필요하다.

현재는 학생생활지도의 위기상황이다. 외부의 힘을 빌리지 않고 어려운 상황을 극복하기 위해서는, 학교폭력으로부터 보호받지 못한 채 절망하는 아이들을 위해 교사가 우선적으로 해야 할

일이 무엇인지 알고, 무슨 일이 있더라도 제자들을 지켜내겠다는 굳은 다짐이 필요한 때이다. 그래야 불청객들이 학교를 들랑거리는 일이 없게 된다.

행복한 어버이날

어버이날이었지만, 아침에 객지에 있는 아이들한테서 안부전화를 받았기 때문에 나는 여느 때와 마찬가지로 수요산악회 행사에 참석했다. 오후 늦게 집에 돌아왔을 때 아내가 외출을 하고 보이지 않았다. 전화를 걸었더니 바로 집 앞이라며 곧 돌아온다고 했다. 그때 아침에 일찍 출근한 큰사위한테서 전화가 왔다. 어버이날 인사를 하는 전화였다. 집에 돌아와 애들과 함께 식사하러 나가려는 참이란다.

산책을 나간 아내가 돌아왔다. 사위한테서 아이들과 함께 저녁식사를 하러 나갈 예정이라며 전화가 왔다고 알려주었다. 오늘은 어버이날이라 어린 두 손녀들이 엄마·아빠에게 저녁식사를 대접할 계획이라는 내 말을 듣고, 아내는 믿기지 않는 듯 딸에게 전화를 걸었다. 어린 말썽꾸러기들이 어떻게 그런 기특한 생각을 했느냐며 수화기를 들고 딸에게 물었다.

"어버이날이라고 선민이와 선재가 저녁을 산다네. 그래서 지금 나가려는 중이예요. 참 신통한 일도 다 있어요."

전화를 하는 딸의 목소리가 밝았다. 어버이날이지만, 전혀 예상하지 못한 저녁식사 초대를 받았기 때문이었다.

큰딸은 딸아이만 둘이다. 큰딸 선민이는 중학교 2학년이고 작은딸 선재는 초등학교 5학년이다. 두 살 터울인 둘은 손발이 맞아 만나기만 하면 싸운다. 같은 침대도 사용하지 못하고, 공부방도 따로따로 사용한다. 어미로서 다른 사람들에게 말도 못하고 마음 편할 날이 없었다.

어느 날 큰딸한테서 "우리 딸아이가 달라졌어요."하는 내용의 문자메시지가 왔다. 두 딸들이 나란히 앉아서 공부하는 모습을 담은 사진까지 곁들여 있었다. 사이좋게 앉아서 공부하는 모습을 보고 기분이 좋아서 보낸 메시지였다.

그런데 어버이날인 오늘 말썽꾸러기 두 딸한테서 저녁식사 초대까지 받았으니 그 기분은 말로 표현할 수 없었던 모양이었다. 아마 사위도 은근히 자랑하고 싶어서 아이들과 함께 저녁식사를 하기로 했다고 나에게 넌지시 말한 것 같았다.

아내는 손녀들에게 전화를 걸었다. 어버이날이라고 부모들에게 식사대접을 할 생각을 하다니, 정말 장하다고 칭찬을 했다. 그리고 값싼 삽겹살을 먹는다는 선재의 말을 듣고 더 감격한 듯 이제 아이들이 다 컸나고 흐뭇해했다.

나도 어버이날이니 모처럼 외식을 하자고 권했더니 아내는 갑자기 팥죽이 먹고 싶다고 말했다. 며칠 전부터 생각이 났는데 혼자 사먹을 수 없어 망설였단다. 인근 식당에 주문하여 사온 팥죽이 혼자 먹기에 양이 많다며 반을 덜고 먹더니 배가 부르다면서 좋아했다. 괜히 식당에 가서 사먹었더라면 반은 버릴 뻔했다면서 집으로 포장해 가져오기를 잘했다고 흐뭇한 표정이었다.

식사를 하면서 카네이션에 관한 뉴스도 들었다. 어버이날에 사용할 카네이션이 이상기후로 작황이 좋지 않아 화훼농가는 울상이란다. 게다가 수입된 중국산은 이파리와 꽃잎이 상한 것이 많아서 잘 팔리지도 않고, 반품도 되지 않아 소상인들이 골치를 앓고 있다는 내용이었다. 처음부터 꽃을 기대하지 않은 것이 천만다행이라고 자위했다.

잠시 후 선민이한테서 전화가 왔다. 내가 전화를 받자 영상통화이니 화면을 보면서 받으란다. 화면에는 이제 막 돌이 지난 손자 중오가 보였다. 아이들이 외삼촌내외까지 초청을 한 모양이었다. 손자를 본 아내는 더 기분이 좋은 듯 말을 못하는 중오를 큰소리로 부르며 호들갑이었다.

아이들한테 삽겹살 대접을 받고 보니 더 미안한 생각이 들었던지 큰딸은 아내에게 계속 미안하다고 말했다. 아내는 자기가 먹고 싶은 것을 배불리 먹었으니 만족하다고 말했다. 그리고 알량한 중국산 꽃을 다는 것보다 항상 좋은 소식을 들려주는 것이 부모를 가장 기쁘게 해 주는 것이라고 말하면서 오늘이 손녀들 덕분에 가장 기분이 좋은 날이 되었다고 자랑스럽게 말했다.

부모 마음은 항상 변하지 않는다. 자식들로부터 오는 커다란 뭉치의 소포나 송금 소식보다는 진실한 마음과 정성이 담긴 한마디 말이 더 반갑고 기쁘다. 효도도 마찬가지다. 자식들이 마음 편히 잘 지내고 있다는 희소식이 부모의 마음을 가장 편하게 해 준다. 부모들로부터 받은 심신을 가장 건실하게 보전하는 것이 가장 큰 효도이기 때문이다.

금년 어버이날은 팥죽을 먹은 아내에게도, 삼겹살을 먹은 딸에게도, 모두 마음과 배가 든든한 하루였다. 진실한 마음이 담긴 작은 배려 덕택에 가장 행복한 어버이날이 되었다.

행복 전도사

손자인 중오(重旿)를 보러 아들 집에 갔을 때였다. 쥐 죽은 듯이 조용한 어둑새벽에 조용히 눈을 뜨고 팔을 뻗었다. 어깨가 뻐근했다. 아기를 보기가 쉽지 않다는 것을 실감하고, 아내를 깨우지 않으려고 왼손으로 오른쪽 어깨를 가만히 주무르고 있었다.

"사방 군데가 아프지? 애들에게는 아프다는 소리를 절대로 하지 마세요."

어느 새 잠이 깬 아내가 말했다. 요즘은 새벽에 버스럭거리는 소리만 내도 아내는 귀신 같이 잠을 깼다.

아내는 아들이 아기를 못 안게 할까 봐 걱정이 되어 비밀로 하자고 했다. 11개월이 된 아기의 체중이 10kg 이상이나 되니 노인들이 보듬기가 버겁다면서 보듬지 말라고 하는 아들에게 비밀로 하자는 뜻이었다.

아기는 인생의 수습생이다. 일거수일투족이 학습이다. 배우는 것이 재미가 있다는 듯이 하는 일마다 쉽게 몰입한다. 자발적 내적 동기가 강하게 유발되어 학습이 놀이가 되는 모양이다. 하루 종일 놀아도 지치지 않고 항상 웃는다. 나이 든 사람이 아기 돌보기가 힘이 든 이유다.

사랑은 내리사랑이라고 한다. 눈에 넣어도 아프지 않을 어린

아기가 매일매일 상상도 할 수 없는 행동을 보여주면 신기하고 기막히게 귀엽다. 자고 일어나면 사방 군데가 아프지만, 자기 몸을 생각할 겨를도 없다. 아기를 볼 때마다 새로운 힘이 솟아난다.

아기는 혼자 있으면 불안하다. 항상 함께할 사람이 필요하다. 잠에서 깨어나자마자 열려진 문으로 얼굴을 내밀고 누군가를 찾는다. 얼굴을 마주치면 좋아서 미소를 지으며 강아지처럼 엉금엉금 기어 나온다. 그러다가 갑자기 무엇을 발견한 듯 쏜살같다. 부딪칠 염려가 있으면 얼른 뛰어가 보듬는다.

무엇을 잡고 일어설 수 있는 아기는 요즘 응접세트 올라가는 것에 열심이다. 한 발을 들었다 내렸다 하면서 용쓰는 것을 보면 웃음이 저절로 나온다. 가만히 아기의 발밑을 내 발로 괴어 주었더니 거뜬히 기어오른다. 내 발은 아기가 오르는 데 사용되는 학습 보조 자료다.

두 번째 과제는 올라간 응접세트의 등받이 오르기다. 등받이 위를 더위잡고 등받이에 발을 밀착시키고 버티며 끙끙거린다. 뒤에 숨겨놓은 보물을 하나씩 꺼내어 던지며 좋아한다. 금방 떨어질 것 같은 느낌이 들면 얼른 보듬어서 바닥에 내려놓는다. 박수를 치며 응원하면 자기도 따라서 짝짜꿍짝짜꿍. 잠시 후 또 응접세트에 오른다. 배운 것을 복습하는 반복학습이다.

이번에는 다리를 괴어주는 대신에 엉덩이를 살짝 부추겨 준다. 몇 번 성공한 후 못 본 체하고 앉아 있으면 옆으로 가만히 와서 내 몸에 기대고 올라간다. 남을 이용하는 방법을 터득한 것이다.

어미가 주방에서 열심히 요리를 하고 있을 때, 혼자 놀고 있던 아기는 어미를 발견하고 우르르 달려간다. 요리를 계속할 수 없는 어미는 아기를 보듬고 거실로 가 내려놓지만, 다시 기어와 어미를 힘들게 한다. 아기가 한번 설정한 목표는 새로운 것이 발견될 때까지 유효하기 때문이다.

하지만 아기의 인지기능은 순간적이다. 지속성이 없다. 눈에 새로운 목표가 들어오면 수정한다. 따라서 보듬고 어우르다가 새로운 과제를 제시해 주면 전의 행동을 망각한다. 아기의 행동 제어 방법이다.

사랑을 표시하는 가장 원초적인 방법은 껴안기이다. 성인들 사이에도 포옹이 가장 확실한 사랑 표시 방법이 아닌가. 아기들도 마찬가지다. 아기가 울면 얼른 달려가 가슴에 안고 다독이면 이내 그친다.

내가 아기를 무릎 위에 올려놓고 앉아서 다독거리는 것을 보고 아들과 며느리는 이상하단다. 아기가 가장 싫어하는 자세여서 자기들이 그렇게 하면 바로 칭얼거리며 보챈단다. 아마도 할아버지의 카리스마에 제압되어 가만히 있는 모양이라고 하면서 피는 물보다 진하다는 말을 실감한다며 좋아한다.

아이를 옆에 끼고 잠을 재웠더니 더욱 놀랜다. 그렇게 잠든 일이 한 번도 없었다면서 나더러 아기 재우는 기술자란다. 사실 나는 전에도 그런 소리를 여러 번 들었다. 외손들을 그런 식으로 재웠기 때문이었다.

잘 놀던 아기가 눈을 비비며 칭얼대면서 이상한 행동을 보이면 잠이 온 것이다. 어른들은 그 사실을 잘 알고 있다. 하지만 버릇이 심한 아기를 재우는 데는 애를 먹는다.

나는 잠이 온 기미를 알아채면 먼저 아기를 보듬고 얼굴을 맞

대고 가볍게 몇 번 문지른다. 접촉을 통해 서로의 사랑을 확인한 후 옆에 끼고 다독거리면 아기는 얌전하다. 자장가를 부르면 효과가 더 크다.

세 가지 듣기 좋은 소리 가운데 하나인 아기 울음소리는 듣기만 하여도 행복하다. 무릎 위에서 잠이 든, 때 묻지 않고 천진난만한 얼굴을 대하는 마음은 더더욱 행복하다. 아기는 행복 전도사이기 때문이다. 나는 자주 그 전도사를 만나러 외출준비를 해야겠다.

- (문맥 40호)

울력꾼

이희근 제4수필집

발 행 일 | 2018년 10월 30일
지 은 이 | 이희근
발 행 인 | 李憲錫
발 행 처 | 오늘의문학사
출판등록 | 제55호(1993년 6월 23일)
주 소 | 대전광역시 동구 대전로867번길 52(한밭오피스텔 401호)
전화번호 | (042)624-2980
팩시밀리 | (042)628-2983
전자우편 | hs2980@hanmail.net
카 페 | cafe.daum.net/gljang(문학사랑 글짱들)
| cafe.daum.net/art-i-ma(아트매거진)

공 급 처 | 한국출판협동조합
주문전화 | (070)7119-1752
팩시밀리 | (031)944-8234~6

ISBN 978-89-5669-953-0
값 15,000원

* 이 책은 교보문고에서 eBook(전자책)으로 제작하여 판매합니다.
* 잘못 제작된 책은 바꾸어 드립니다.